Silvana Bini
@nonnasilviofficial

Nonnas ITALIENISCHE KÜCHE

Authentische und traditionelle
Rezepte aus Bella Italia

riva

Inhalt

Die Kunst des Neuanfangs 83

Die Bäckerei 117

Einleitung

Viele Gescheiterte sind Menschen, die beim Aufgeben nicht merkten, wie nahe sie dem Erfolg waren.

Thomas Edison

Diesen Erfolg habe ich nicht erwartet und ich weiß gar nicht, womit genau ich ihn verdient habe, ich weiß nur, dass ich mein Bestes gegeben habe. Mit über 80 Jahren kann ich behaupten: Ich habe viel vom Leben bekommen. Sagen wir mal, ein bisschen verdanke ich es dem Leben und ein bisschen mir selbst, denn die Hände in den Schoß legen, das habe ich nie gekonnt, und wenn es ums Zupacken ging, habe ich mich nie gedrückt.

Ich nehme die Dinge, wie sie kommen, schon immer. Auf meinem Weg bin ich engen Kurven und plötzlichen Wendungen begegnet, aber letztlich ist es mir immer gelungen, auf die eine oder andere Art und Weise etwas Gutes daraus zu schöpfen. Heute nennt man das Resilienz. Nennt es, wie ihr wollt, für mich läuft im Grunde alles immer auf eines hinaus: Wenn man etwas erreichen möchte, muss man etwas dafür tun. Anders geht es nicht.

Kein Leben verläuft schnurgerade wie eine Autobahn. Kein Feld bringt von alleine Früchte: Wenn es dich ernähren soll, musst du es bestellen. Und wenn dir ein Unwetter die Ernte vernichtet, greifst du zum Spaten und fängst neu an.

Ich bin in Kriegszeiten in einer armen Familie zur Welt gekommen, dennoch habe ich nie Zeit mit Jammern verloren. Ich habe tagein, tagaus beständig, geduldig und mit sehr viel Liebe gearbeitet. Ich war Büglerin, Arbeiterin im Hühnervertrieb meines Mannes, Bäuerin und Stickerin, bevor ich Bäckerin wurde. In jeder neuen Herausforderung habe ich alles gegeben und genug, aber nicht zu viel darüber nachgedacht. Der Rest kam von selbst. So habe ich das Leben immer gelebt und so werde ich es auch weiterhin angehen, zusammen mit meiner Familie und solange Gott will. Wenn mir heute viele Menschen folgen, dann kommt das daher, dass ich mich nie verstellt habe.

Dieses Buch enthält meine Geschichte und meine Rezepte. Einige wollt ihr schon lange haben, andere sind neu.

Ich rücke sie nicht gern heraus, aber für euch mache ich eine Ausnahme.

Binis Junge

Ich bin 1941 in Montespertoli bei Florenz geboren, mitten im Zweiten Weltkrieg. Und der Krieg ist meine erste Kindheitserinnerung.

Wir hatten wenig zum Leben, fast nichts: das, was die Erde und die bescheidene Arbeit meiner Mutter und meines Vaters einbrachten. Papà, Giovanni Bini, war Drucker und verbrachte einen Großteil des Tages auf dem Fahrrad. Er fuhr auf der Jagd nach Kundschaft über die Dörfer in der Nähe. Aber er verdiente wenig und wir waren sieben Kinder, fünf Mädchen und zwei Jungen. So war auch meine Mutter Romolina gezwungen, Geld zu verdienen.

Mamma verarbeitete Stroh, neben der Produktion von Wein und Öl war das eine der einträglichsten Branchen in Montespertoli. Der Ort war berühmt für Accessoires aus Stroh, vor allem für Hüte, die in die ganze Welt exportiert wurden. Das Stroh wurde geerntet, getrocknet, dann gespalten und geflochten.

Meine Mutter war Flechterin und im Dorf für ihre Schnelligkeit bekannt, obwohl sie ihre kleinsten Kinder zur Arbeit mitnahm.

Zu Hause kümmerte sie sich um uns alle, um den Haushalt und die Küche. Noch heute kommen mir die Tränen, wenn ich daran zurückdenke, wie sie sich aufgeopfert hat … und wir Kinder haben sie dafür geliebt. Sie war unsere Stütze, unser Fixstern.

Die Fakten aus dieser frühen Zeit weiß ich nicht mehr, aber ich erinnere mich an die Atmosphäre: In den Läden gab es wenig, Fleisch fast gar nicht. Die Menschen schlugen sich durch, wie sie konnten, auch mit Tauschhandel. Es wurde untereinander getauscht, was man so hatte, auch mein Vater machte das. Jede Familie versuchte, ein bisschen Vorrat beiseitezulegen, und dann teilte man es sich ein, so gut es ging. Und viele Frauen waren nun allein. Sie hatten erlebt, wie ihre Männer zur Front aufbrachen; viele kehrten nie zurück.

Das politische Klima hatte Spaltungen geschaffen, auch in einer so kleinen Gemeinschaft wie unserer. Die einen unterstützten das Regime, andere wollten sich nicht anpassen und wurden deswegen boykottiert. Mein Großvater musste jeden Morgen aufs Fahrrad steigen, um außerhalb des Dorfes ein paar Lebensmittel zu besorgen, weil das näher gelegene Geschäft ihm nichts verkaufen wollte. Der Grund? Unterschiedliche politische Meinungen.

Als Italien den Waffenstillstand unterzeichnete und die deutsche Armee – im Süden von den Alliierten bedrängt – den Rückzug antrat, war ich zwei. Das waren die härtesten Jahre. Überall wurde gekämpft. Die Toskana war ein wichtiger Knotenpunkt der Verbindungen und Organisationen im Norden für den Widerstand gegen die Deutschen und entsprechend umkämpft. Die Deutschen zerstörten bei ihrem Rückzug Straßen und Brücken. Sie jagten alle Brücken von Florenz in die Luft und verschonten nur den Ponte Vecchio. Noch nicht einmal auf die Kunstwerke wurde Rücksicht genommen. Die Galleria degli Uffizi wurde geräumt und um die Sammlungen zu retten, brachte man sie an Orte, die man für sicherer hielt. Montespertoli lag nur knapp 30 Kilometer von Florenz entfernt, war aber nicht von Kriegshandlungen betroffen. Deswegen flohen viele Familien aus den gefährdeteren Gebieten und suchten Unterschlupf im Dorf, und so kam es, dass Gemälde von Masaccio und Cimabue und sogar der *Primavera* von Botticelli im nahe gelegenen Schloss von Montegufoni landeten.

Dann kamen die Amerikaner mit ihren Kanonen, die uns Kindern gigantisch erschienen; sie konnten ein mehrere Kilometer entferntes Ziel treffen. Wenn sie feuerten, hallten die Schüsse im ganzen Tal wider; man hörte sie sogar in den umliegenden Dörfern. Aber ich hatte vor nichts Angst, und als die Soldaten sich eines Tages auf ein Gefecht vorbereiten wollten, baute ich mich vor ihnen auf und verlangte frech ein Kaugummi.

Kaugummi gehörte wie Zigaretten zu diesen seltsamen Dingen, die wir noch nie gesehen hatten und die uns vorkamen wie Wunderdinge von unermesslichem Wert.

Die Lage im Dorf war relativ ruhig, aber mein Vater, der seine eigenen Vorstellungen hatte, machte sich die alliierten Soldaten zu Feinden und musste fliehen. Auch ich, meine Mutter und meine Geschwister mussten fortgehen; wir kamen für ungefähr ein Jahr im Haus eines Bauern unter, der ein paar Kilometer von Montespertoli entfernt lebte. Meine Oma väterlicherseits, Nonna Angiolina, kam mit uns.

Nonna Angiolina war Diabetikerin, deswegen durfte sie keine Süßigkeiten essen, sie aber stahl den Zucker im Haus und versteckte ihn im Schrank. Ich wusste das, aber ich habe nichts gesagt: Ich war ihre kleine Komplizin. Oma blieb immer gefasst und behielt stets ihre gute Laune, was auch immer geschah. Sie gehörte zu einer Generation, der Mühe und Entbehrungen nicht fremd waren.

Eines Tages fragte ich sie: »Nonna, was vererbst du mir mal?« Und sie erwiderte ganz ruhig: »Meine ganzen Schmerzen und meine Krampfadern.«

Ich wusste nicht, dass genau dies ihr größtes Vermächtnis sein würde: Die Fähigkeit, über alles Witze zu machen.

Als der Krieg zu Ende war, konnten wir nach Hause zurückkehren und versuchen, uns wieder ein möglichst normales Leben aufzubauen. Ich kam in die Volksschule – oder Grundschule, wie man heute sagt –, aber das Lernen hat mir keinen Spaß gemacht. Wozu sollte es mir nützen, wo die Frauen in jener Zeit doch dazu bestimmt waren, sich um Haushalt und Familie zu kümmern? Ich hatte aber ein Ass im Ärmel: Ich konnte das Einmaleins auswendig, und wenn der Lehrer in Mathematik Fragen stellte, antwortete ich als Erste. Mit dieser Methode habe ich es immer geschafft, nicht sitzenzubleiben.

Bei den praktischen Fächern hingegen konnte ich allem etwas abgewinnen. Beim Fußball- und Völkerballspielen mit den Jungs kam ich zurecht, und auch beim Lesen und beim Zeichnen, wie man es von braven Mädchen erwartete. Unter meinen Schulkameradinnen war ich allerdings die mit der größten »körperlichen Präsenz«. Nicht zufällig nannte man mich »Binis Jungen«. Mein Vater wollte sehr gern einen Jungen haben, aber bis dahin hatte er vier Mädchen bekommen; eines war ich. Erst danach kam mein erster Bruder, dann noch einer.

Was ich sehr gerne machte, wenn ich zum Spielen mit den anderen Kindern auf die Piazza ging: mir neue Spielzeuge ausdenken, mit denen wir uns bis zum Sonnenuntergang beschäftigten. Ja nun! Die Einfachheit des Lebens auf dem Lande schärft den Verstand.

Zu Hause hingegen habe ich meiner Mutter geholfen, die immer die Großeltern und die Kinder versorgen musste. Wenn es ein Problem gab, habe ich nie verzagt, sondern eine Lösung gesucht, und so bin ich immer geblieben.

Wenn wir etwas brauchten, ging ich oft zu Doktor Pieri, dem Dorfarzt. Doktor Pieri war wohlhabend, er besaß sogar einen Einspänner und er mochte mich. Ich wartete also, bis er von seinen Arztbesuchen zurückkehrte, breitete meine Schürze aus und sammelte ein, was er mir geben konnte. Meistens war es Obst, und das brachte ich sofort nach Hause. Innerlich danke ich ihm noch jetzt für diese kleine Geste, die für uns solch einen großen Wert besaß.

Die Zeiten waren hart: Von 1940 und bis 1949 hatten alle Familien Lebensmittelkarten. Das waren Scheine, mit denen man in bestimmten Zeitabständen eine bestimmte Menge an Lebensmitteln einkaufen konnte, und mehr nicht. Damit sollte das wenige, das es gab, rationiert werden. Die ausgegebenen Mengen waren sehr gering, deswegen nannte man sie »Hungerkarten«. Natürlich gab es Leute, die diese Einschränkung mit Betrug umgingen: Der eine stellte falsche Karten her, der andere erwarb zusätzliche Vorräte mit den Karten von Dritten und verkaufte dann alles auf dem Schwarzmarkt. Aber wir nicht, wir waren ehrliche Leute.

Ich wurde älter und kam in die Mittelschule. Das machten damals nicht alle, viele hörten nach dem fünften Schuljahr auf, vor allem die Mädchen. Nach der landläufigen Meinung reichte es, dass Mädchen lesen und schreiben konnten, mehr brauchten sie nicht zu wissen. Mit elf Jahren war es Zeit, dass ich zu Hause half. Ich kam bis zur achten Klasse, auch dank der Lehrerin, Professoressa Cipollaro. Jeden Morgen ging sie von Haus zu Haus, um die Eltern davon zu überzeugen, ihre Kinder zur Schule zu schicken.

Am Ende des achten Schuljahres, das war 1955, stand eines Morgens Tante Ines vor unserer Tür, Papas Schwester. Sie hatte einen Vorschlag für mich: Ich sollte sechs Monate lang auf dem Bauernhof leben, den sie mit ihrem Mann in der Nähe von Siena betrieb. So müsste meine Mutter für eine Weile ein Kind weniger satt bekommen.

Bei Tante Ines war es für mich wie im Schlaraffenland. Ich konnte alles Mögliche essen, wann immer mir der Sinn danach stand. Am ersten Morgen traute ich beim Frühstück meinen Augen nicht: Der Tisch quoll über von mehreren Milchkrügen, Brot so viel man wollte und vielen anderen Dingen. Zu Hause mussten ein halber Liter Milch und ein Kilo Brot für acht Personen reichen, bei Tante Ines hingegen bekamen alle bis hin zu den Tieren fürstliche Mahlzeiten. Das war für mich so unglaublich, dass ich nachts aufstand und mir den Bauch mit Sahne vollschlug. Meine Tante und mein Onkel haben das natürlich gemerkt, aber sie haben nichts gesagt: Sie freuten sich, wenn sie sahen, dass ich zufrieden war.

Auf dem Bauernhof lebten außerdem noch ein Onkel, der gesundheitliche Probleme hatte und mit dem ich mich oft zum Zeitvertreib unterhielt, und Tante Ines' Tochter Maria Pia. Maria Pia war zehn Jahre älter als ich, aber trotzdem waren wir sehr eng miteinander: Wir hatten Spaß zusammen und wenn wir konnten, unternahmen wir lange Spaziergänge in der Natur. Wir waren viele und wir hatten uns alle gern.

Nach sechs Monaten kam ich wieder nach Hause und alle brachen in Gelächter aus, als sie mich sahen: Ich hatte fünf Kilo zugenommen. Und ich war nun eine Frau.

Die Rezepte

Acquacotta maremmana

Suppe aus der Maremma

Die Suppe Acquacotta stammt nicht direkt aus meiner Gegend, sondern ist ein typisches Bauern- und Hirtenrezept aus der Maremma, ein Arme-Leute-Essen, das mit den Dingen gekocht wurde, die man eben gerade hatte. Charakteristische Zutat, die ein wenig Substanz verleihen sollte, ist das rohe Ei. Man schlägt es ganz am Schluss über der Suppe auf und lässt es vom Dampf garen.

Zubereitung
50 Minuten

Schwierigkeit
◆◆◇◇◇

Zutaten für 4 Portionen
3 Zwiebeln
1 Stange Staudensellerie
6–7 Blatt Basilikum
Olivenöl nativ extra
500 g Tomaten, gehäutet
1 scharfe Peperoncino-Schote (optional)
Salz
8 Scheiben Weißbrot
4 Eier
80 g Pecorino romano, gerieben
schwarzer Pfeffer, frisch gemahlen (optional)

1. Die Zwiebeln häuten und schadhafte Stellen entfernen, dann klein schneiden. Beim Sellerie Blätter und harte Teile abschneiden und die Stange in nicht zu kleine Stücke schneiden (passende Größe für eine Suppe). Basilikumblätter waschen.

2. Etwas Öl in einem großen Topf erhitzen und Zwiebeln und Sellerie hineingeben. Ca. 5 Minuten auf niedriger Stufe anbraten, dann die gehäuteten Tomaten, Peperoncino (wer nicht gern scharf isst, kann sie auch weglassen), Basilikumblätter und Salz hinzugeben. Umrühren.

3. Ca. 35 Minuten weiterkochen lassen. Währenddessen ein wenig Wasser zugeben, falls die Suppe zu dick wird.

4. Wenn die Suppe gar ist und die richtige Konsistenz hat, kochend heiß in 4 tiefe Teller füllen. Auf jeder Portion 2 Scheiben Weißbrot anrichten und darüber je 1 rohes Ei aufschlagen. Die Hitze der soeben vom Herd genommenen Suppe gart die Eier.

5. Sollte sie zwischenzeitlich etwas abgekühlt sein, vor dem Aufschlagen der Eier nochmals ein paar Minuten auf den Herd stellen. Zum Schluss mit Pecorino und schwarzem Pfeffer aus der Mühle bestreuen, falls gewünscht.

Bozza pratese
Kastenbrot aus Prato

Wenn ihr euch an ein selbst gemachtes toskanisches Brot wagen wollt, empfehle ich dieses hier: das Bozza pratese. Typische Merkmale sind die rechteckige Form und die Verwendung von italienischem Weizensauerteig, dem Lievito madre. So hat man übrigens früher gebacken, als alle Familien ihren Sauerteig im Haus hatten, weil man ihn natürlich nicht im Supermarkt kaufen konnte. Wie alle toskanischen Brote wird das Bozza pratese ohne Salz zubereitet und so passt es hervorragend zu herzhaften Speisen. Wird es alt, macht ihr daraus Ribollita (Rezept siehe Seite 38).

Zubereitung
1 Stunde

Gehzeit
24 Stunden

Backzeit
1 Stunde

Schwierigkeit
❖❖❖◇◇

Zutaten für 1 Brot
1 kg Mehl Type 00
650 ml Wasser
150 g Lievito madre (Weizensauerteig)

1. In einer Schüssel (oder noch besser in einer Rührmaschine) Mehl mit Wasser verrühren; Wasser dabei in kleinen Portionen zugießen. Wenn der Teig gründlich vermischt ist, Lievito madre hinzugeben und weiterverarbeiten, bis er homogen und elastisch ist.

2. 10–15 Minuten ruhen lassen.

3. Den Teig auf eine bemehlte Arbeitsfläche geben und falten: Diese Phase ist sehr wichtig, damit die Struktur des Teigs geschmeidig wird und man nach dem Backen eine weiche Krume erhält. Den Teig zu einem Rechteck dehnen; alles mit der Hand ausführen. Nun gedanklich das Rechteck in 3 kleinere Rechtecke unterteilen. Das erste Rechteck über das zweite falten und das dritte nun über die beiden ersten legen. Es entsteht ein Rechteck, gebildet durch das Übereinanderlegen der drei gedachten Rechtecke.

4. Den Teig wieder in der Mitte falten und 15 Minuten ruhen lassen; anschließend in eine Schüssel geben und 24 Stunden in den Kühlschrank stellen.

5. Am nächsten Tag den Ofen auf höchster Stufe vorheizen. Den Teig auf eine bemehlte Arbeitsfläche geben, zu einem langen Rechteck formen und in den Ofen schieben; die Temperatur sofort auf 160 °C Ober-/Unterhitze (Umluft: 140 °C) verringern und 1 Stunde backen.

6. Wenn man prüfen will, ob das Brot durchgebacken ist, nimmt man es aus dem Ofen und »klopft« mit dem Fingerknöchel auf die Unterseite. Klingt es voll, ist innen noch Feuchtigkeit. Das Brot kommt nochmals in den Ofen, bis es beim Klopfen hohl klingt.

Lievito madre auffrischen

Denkt daran, den Lievito madre für dieses Rezept mindestens am Vortag aufzufrischen. Alternativ könnt ihr ihn durch 5 g Bierhefe ersetzen.

Bozza pratese

Kastenbrot aus Prato

Castagnaccio
Herzhafter Kastanienkuchen

Castagnaccio
Herzhafter Kastanienkuchen

Der Castagnaccio – oder Migliaccino – ist ein typisch toskanisches Rezept, das bei mir viele Erinnerungen wachruft; nicht alle sind angenehm. Ich war ein kleines Mädchen, es war Krieg und meiner Mutter war es gelungen, ein halbes Kilo Kastanienmehl beiseitezulegen. Sie hob es in einem Sack auf der Veranda auf und wollte einen Castagnaccio daraus backen. Das war damals ganz üblich, denn man brauchte dafür nur wenige Zutaten, sie kosteten wenig und waren relativ einfach zu beschaffen. Plötzlich kam ein Soldat ins Haus und versuchte, meine Mutter zu vergewaltigen. Mein Opa, Nonno Gino, schlug den Angreifer in die Flucht, doch dem gelang es, beim Weglaufen den Sack mit Mehl an sich zu reißen. Es war alles gewesen, was wir hatten. Meine Mutter hat dieses Trauma nie vergessen, zum einen wegen des versuchten Überfalls, zum anderen wegen des Diebstahls. Auch ich spüre jedes Mal, wenn ich Castagnaccio zubereite, wie diese Wut und dieser Kummer von damals wieder hochkommen. Aber ich erinnere mich dabei auch an meine angebetete Mamma, denn dies ist das Rezept, das sie mir beigebracht hat, und nun gebe ich es euch weiter.

Zubereitung
30 Minuten

Backzeit
30 Minuten

Schwierigkeit
2 von 5

Zutaten für 4 Portionen
1 Zweig Rosmarin
250 g Kastanienmehl
½ Espressolöffel Salz
Olivenöl nativ extra
50 g Pinienkerne

1. Zuerst Rosmarin waschen, die Nadeln abzupfen und auf eine saubere Fläche legen.

2. Den Ofen auf 180 °C Ober-/Unterhitze (Umluft: 160 °C) vorheizen.

3. Kastanienmehl und Salz in eine Schüssel geben und 120 ml Wasser nach und nach zugießen; den Teig dabei sorgfältig vermischen. Er muss samtig und klümpchenfrei werden. Sollte er zu fest werden (das hängt von der Qualität des Mehls ab), können nochmals 20–30 ml Wasser zugegeben werden.

4. Nun eine Form für flache Kuchen einölen und den Teig hineingießen; er sollte eine möglichst gleichmäßige Höhe haben. Rosmarinnadeln und Pinienkerne aufstreuen.

5. Die Form in den vorgeheizten Ofen schieben und 30 Minuten backen. Achtung: Das Backen geht relativ schnell und der Castagnaccio darf an der Oberfläche nicht zu dunkel werden. Zur Kontrolle mit einem Zahnstocher die Garprobe machen, der Castagnaccio muss am Ende weich sein und zugleich fest und kompakt.

Habt ihr je Castagnaccio mit Mandeln probiert?

Klassisch wird der Castagnaccio mit Pinienkernen zubereitet. Mandeln sind eine preiswertere Alternative, man kann aber auch die Fantasie walten lassen und andere Nüsse wie Walnüsse oder Haselnüsse verarbeiten. Manche geben auch noch ein paar Sultaninen hinein.

Braciole toscane rifatte al pomodoro

Resteessen: Toskanische Schnitzel in Tomatensoße

Ab und zu bleiben bei mir gebratene Schnitzel vom Vortag übrig, und was macht man dann? Ein Resteessen! Mit einem schönen Sößchen kommen sie nochmals in die Pfanne. So macht man es in der Toskana, vor allem in der Provinz Arezzo. Wenn ihr keine Reste habt, könnt ihr die Schnitzel auch frisch zubereiten. Das Schöne an diesem Gericht ist, dass es nahrhaft ist und wenig kostet, denn das Fleisch muss nicht unbedingt von einem besonders edlen Stück sein.

Zubereitung
10 Minuten

Schwierigkeit
◆◆◇◇◇

Zutaten für 4 Portionen
8 Schweineschnitzel, gebraten (am besten vom Vortag)
Oregano
Olivenöl nativ extra
500 g Tomatensoße
15 Kapern
Salz
Gegebenenfalls zum Schnitzelbraten:
Öl zum Braten
2 Eier
Paniermehl
Salz

1. Müssen die Schnitzel noch gebraten werden, geht es damit los: Das Bratöl in einer Pfanne erhitzen. In der Zwischenzeit die Schnitzel erst in Ei und dann in Paniermehl wenden. Wer gern eine dicke Schicht Panade mag, wiederholt dies (die doppelte Menge Ei einkalkulieren). Sobald das Öl heiß ist (ca. 170 °C), die Schnitzel goldbraun braten, abtropfen lassen, nach Belieben salzen und auf Küchenpapier ruhen lassen.

2. Oregano und etwas Olivenöl in die Tomatensoße geben und in eine Pfanne gießen. Kapern hinzufügen, das gibt mehr Geschmack, und die Soße einige Minuten kochen, bis sie die Gewürze gut aufgenommen hat und etwas eingedickt ist. Mäßig salzen und bedenken, dass auch die Schnitzel gesalzen sind.

3. Die Schnitzel in die Pfanne geben und 2–3 Minuten weiterkochen, damit sie heiß werden und die Soße eindringt. Vom Herd nehmen und sofort servieren. Sie müssen weich sein und zugleich fest und kompakt.

Gnudi agli spinaci
Spinatknödel

Diese Spinatknödel sind ein sehr einfaches und nahrhaftes Essen, typisch für die stark landwirtschaftlich geprägte Gegend um Grosseto und Siena. Es gibt nur zwei Grundzutaten: Spinat und Ricotta. Erinnert euch das an etwas? Richtig, diese Masse ist identisch mit der Füllung für Tortellini mit Ricotta und Spinat, nur eben ohne Pasta. Deswegen heißen sie »gnudi«, toskanisch für »nudi«, also »Nackte«. Normalerweise mögen auch Kinder dieses Gericht sehr gern; ich habe sie immer sowohl für meine eigenen Kinder als auch für meine Enkel zubereitet.

Zubereitung
40 Minuten

Schwierigkeit
3 von 5

Zutaten für 4 Portionen
600 g frischer Spinat
200 g Ricotta (am besten Schafsricotta)
1 Ei
120 g Mehl Type 00
Salz, Pfeffer
1 Muskatnuss zum Reiben
50 g Butter
ein paar Salbeiblätter
50 g Parmesan, gerieben (Parmigiano reggiano)

1. Den Spinat gründlich waschen und die dickeren Stiele entfernen. In einem Topf mit kochendem Wasser ca. 10 Minuten kochen. Abgießen und gut ausdrücken (sonst wird die Masse zu wässrig und lässt sich nicht gut verarbeiten). Mit einem Wiegemesser oder einer Flotten Lotte pürieren. Ricotta abtropfen lassen.

2. Spinat mit Ricotta, Ei, Mehl, Salz und 1 Prise Pfeffer in eine Schüssel geben. Nach Belieben etwas Muskatnuss darüberreiben. Alles vermengen. Das Gemisch mit bemehlten Händen weiterverarbeiten, damit der Teig nicht an den Händen kleben bleibt: Kleine, ungefähr walnussgroße Kugeln formen.

3. In einem hohen Topf Salzwasser zum Kochen bringen, die Gnudi portionsweise mit einem Schöpflöffel hineingeben. Wenn sie aufsteigen, sind sie fertig (nach ca. 5 Minuten).

4. Die Gnudi immer mit dem Schöpflöffel herausnehmen, abtropfen lassen und auf eine Platte legen.

5. Butter mit Salbeiblättern in einer kleinen Pfanne schmelzen. Als Soße über die Gnudi gießen. Zum Schluss mit geriebenem Parmesan bestreuen.

Leckere Varianten

Die Butter könnt ihr durch ein leichtes Tomatensößchen ersetzen. Außerdem nehmen manche lieber Pecorino statt Parmesan – kommt darauf an, ob ihr lieber einen feineren oder einen kräftigeren Geschmack mögt.

Gnudi agli spinaci

Spinatknödel

Necci
Pfannkuchen aus Kastanienmehl

Necci
Pfannkuchen aus Kastanienmehl

Es mag sich seltsam anhören, aber als ich Kind war, hatten wir auch unsere »Crêpes«: die Necci. Necci macht man aus Kastanienmehl, deswegen sind sie typisch für den Herbst und für waldreiche Gebiete wie die Garfagnana. Man findet sie aber unter verschiedenen Namen auch in anderen Teilen Italiens. Früher hat man sie in den sogenannten Testi gebacken, das sind runde, flache Backformen aus Terrakotta oder Gusseisen. Man legte sie auf die Feuerstelle, verschloss sie mit dem Deckel und verteilte Glut darauf, damit die Necci gut gebacken wurden.

Zubereitung
30 Minuten

Schwierigkeit
◆◇◇◇◇

Zutaten für 8 Necci
350 g Kastanienmehl
Salz
Olivenöl nativ extra
500 g Ricotta
50 g Kristallzucker
Kakaopulver

1. In einem kleinen Topf 300 ml Wasser erhitzen.

2. Das gesiebte Kastanienmehl und eine Prise Salz in eine Glasschüssel geben. Nach und nach das Wasser zugießen – eventuell wird nicht alles gebraucht. Währenddessen mit einem Schneebesen zu einem glatten, kompakten Teig verarbeiten.

3. Wer keine Crêpes-Pfanne hat, setzt eine beschichtete Pfanne (18–20 cm Durchmesser) auf. Etwas Öl hineingeben. Eine Suppenkelle zu ca. ¾ mit Teig füllen und diesen in die Mitte gießen. Die Pfanne kreisen lassen, damit sich das Teiggemisch gleichmäßig verteilt.

4. Den Crêpe auf niedriger Stufe ca. 2 Minuten von jeder Seite backen; zum Wenden einen Pfannenwender zu Hilfe nehmen. Die übrigen Crêpes ebenso zubereiten. Die fertigen Crêpes nach und nach auf einem Teller stapeln.

5. Ricotta und Zucker in einer Schüssel mit dem Schneebesen cremig rühren. Je einen Klecks mitten auf die Necci geben und die Necci aufrollen.

6. Zum Schluss mit etwas Kakaopulver bestäuben und lauwarm servieren.

Guerci, incicciati, a biuscio …

Necci schmecken nicht nur als Süßspeise köstlich, sondern auch als Snack oder kleine Antipasti. In der Apennin-Region bei Bologna bereitet man sie zum Beispiel mit einer dünnen Scheibe Pancetta zu (noch besser macht sich allerdings der toskanische Speck Rigatino darin!). Bei Pistoia füllt man die Necci mit Wurst und nennt die kleinen Dickerchen dann Necci incicciati, denn »incicciare« bedeutet dick werden. Na, und dann ist es natürlich nicht verboten, sie pur zu essen, oder – wie wir im Dialekt sagen würden – *a biuscio.*

Pasta e fagioli

Nudeln mit Bohnen

Nudeln mit Bohnen sind ein typisch toskanisches Gericht, das mir besonders gut gelingt. In Kriegszeiten haben wir das oft gegessen, weil man Bohnen – wie auch Gemüse – gut bei den hiesigen Bauern beschaffen konnte. Außerdem enthalten Bohnen Protein und waren daher ein guter Ersatz für Fleisch, denn das gab es nicht. Jetzt allerdings koche ich Pasta e fagioli, weil es mir schmeckt. Und haltet es nicht für ein Arme-Leute-Essen: Wenn man es gut zu würzen weiß, ist es eine Delikatesse.

Zubereitung
30 Minuten

Schwierigkeit
◆◇◇◇◇

Zutaten für 4 Portionen
1 Knoblauchzehe, geschält
4–5 Salbeiblätter
1 Zweig Rosmarin
Olivenöl nativ extra
100 g passierte Tomaten
400 g weiße Bohnen
250 g Suppennudeln, zerbrochene Spaghetti oder andere Nudeln nach Wahl
Salz, Pfeffer

1. 300 ml Wasser mit Knoblauch und Salbei in einem großen Topf zum Kochen bringen. In einem anderen, flachen Topf Rosmarin, etwas Öl und passierte Tomaten ca. 5 Minuten auf niedriger Stufe anbraten.

2. Knoblauchzehe herausnehmen. Etwa die Hälfte der Bohnen durch die Flotte Lotte drehen und in den Topf mit Wasser geben. Die andere, nicht passierte Hälfte der Bohnen hinzufügen.

3. Nun auch das Tomatenpüree mit Rosmarin in den ersten Topf umgießen.

4. Kontrollieren, dass das Wasser wieder kocht, dann etwas Salz und die Pasta hineingeben (Spaghetti eventuell in Stücke brechen). Sobald die Pasta gar ist, das Gericht direkt aus dem Topf servieren.

5. Zum Schluss kann man das Ganze mit etwas Pfeffer abrunden.

Pomarola alle verdure

Gemüsesoße

Wenn meine Enkel kein Gemüse essen wollten, umging ich das Problem, indem ich diese Soße kochte, denn die liebten sie. So aßen sie auch etwas Gemüse, ohne es zu merken. Natürlich nicht besonders viel, aber es war immerhin ein Anfang. Ich hoffte, dass sie sich allmählich an den Geschmack gewöhnen und früher oder später auch Gemüse mögen würden. Es bietet sich an, diese Soße im Sommer zu kochen, mit schön reifen Tomaten und Gemüse der Saison. Dann friert man sie ein und hat sie bei Bedarf parat.

Zubereitung
40 Minuten

Schwierigkeit
◆◇◇◇◇

Zutaten für 500 g Tomaten

1 Zwiebel
500 g rote, reife Tomaten
1 rote Paprikaschote
1 Zucchini
1 Stange Staudensellerie
1 Karotte
5–6 Basilikumblätter
Olivenöl nativ extra
Salz

1. Zwiebel häuten, Tomaten gründlich waschen, Paprika waschen und Stielansatz entfernen, Zucchini waschen. Selleriestange putzen (also Blätter abschneiden) und waschen. Karotte schälen, Basilikumblätter waschen. Das gesamte Gemüse außer der Zwiebel nicht zu klein würfeln und in eine Schüssel füllen.

2. Etwas Öl und die Zwiebel in einen großen Topf geben. Nach 2–3 Minuten, wenn die Zwiebel leicht gebräunt ist, das andere Gemüse, Basilikumblätter und ca. 200 ml Wasser hinzugeben. Mit 1 Prise Salz würzen.

3. Eine halbe Stunde weiterkochen lassen, dann vom Herd nehmen. Wenn die Soße eine geschmeidigere und samtigere Konsistenz haben soll, die fest gebliebenen Gemüsestückchen mit einem Schaumlöffel herausnehmen und in den Mixer geben. Solange pürieren, bis die Soße perfekt glatt ist.

Ribollita
Noch ein Resteessen

Wenn man auch nichts hatte, Ribollita gab es immer. Vielleicht nicht mit allen Zutaten, aber irgendwie brachten wir sie stets zusammen. Dabei ist es ein Gericht, das von den Tischen der Reichen stammt. Im Mittelalter gab es keine Teller und kein Besteck, deswegen aßen die feinen Leute von »Tellern« aus Kichererbsenfladen. Was übrig blieb, das bekamen die Bediensteten, und sie kochten das Gericht ein zweites Mal mit dem Gemüse, das sie bekommen konnten. Darauf geht der Name »Ribollita« zurück, »nochmal gekocht«, denn charakteristischerweise wird das Gericht nach der ersten Zubereitung ein weiteres Mal erhitzt. Und so schmeckt sie zwar frisch zubereitet sehr gut, aber am nächsten Tag noch besser!

Zubereitung
30 Minuten

Kochzeit
2 Stunden und 20 Minuten

Schwierigkeit
1 von 5

Zutaten für 4 Portionen
500 g Cannellinibohnen aus der Dose
½ Zwiebel
1 Karotte
2 Tomaten, gehäutet
2 Kartoffeln
300 g Schwarzkohl
150 g Wirsing
150 g Mangold
Olivenöl nativ extra
1 kleiner Zweig Rosmarin
Salz, Pfeffer
ca. 1 l Gemüsebrühe
200 g altbackenes Weißbrot

1. Die Hälfte der Bohnen mit 1 Glas Wasser pürieren. Zwiebel, Karotte und Tomaten putzen, Kartoffeln schälen. Karotte, Tomaten und Kartoffeln sehr klein schneiden. Bei den Schwarzkohlblättern die Rippe in der Mitte entfernen, beim Wirsing den Strunk. Die Blätter waschen und in mittelgroße Stücke schneiden. Mangold putzen, waschen und klein schneiden.

2. In einem Topf 3 EL Öl erhitzen. Rosmarin waschen. Die halbe Zwiebel hacken und mit dem Rosmarinzweig ins heiße Öl geben. Nach 5 Minuten Rosmarin herausnehmen und Gemüse zugeben. Auf niedriger Stufe und unter häufigem Umrühren nochmals 5 Minuten braten; mit Salz und Pfeffer würzen.

3. Nun 800 ml Brühe zugießen und Deckel auflegen. Auf mittlerer bis niedriger Stufe 1,5 Stunden weiterkochen

und hin und wieder Brühe nachgießen, falls die Suppe zu trocken werden sollte. Anschließend die pürierten und die ganzen Bohnen hinzufügen und 30 Minuten weiterkochen. Das Brot zerbrechen und ebenfalls hineingeben. Vermengen und weitere 10 Minuten auf dem Herd lassen. Am Ende der Kochzeit Öl, Salz und Pfeffer nach Belieben hinzugeben.

Schiacciata alla fiorentina veloce

Schneller florentinischer Kuchen

Habt ihr bei »Schiacciata« ein salziges, dünnes Fladenbrot erwartet? Falsch! Bei der Schiacciata alla fiorentina handelt es sich um etwas Süßes, nicht zu verwechseln mit dem Weißbrot Schiacciata toscana, das nämlich ist in der Tat salzig. Hier haben wir einen luftig-weichen Kuchen, den man traditionell am Aschermittwoch zubereitet. Das Originalrezept sieht zwei Gehzeiten vor sowie Schmalz und manchmal auch Safran, hier jedoch zeige ich eine schnellere Variante. Aber, Herrschaften: Die Lilie am Schluss, die muss sein!

Zubereitung
10 Minuten

Backzeit
35–40 Minuten

Schwierigkeit

Zutaten für eine 20 × 20 cm große Form

170 g Zucker
2 Eier
Salz
Schale von 1 Bio-Zitrone, abgerieben
Saft von 1 Orange
50 g Olivenöl nativ extra
220 g Mehl Type 00
15 g Backpulver (1 Tütchen)
Butter für die Form
Puderzucker zum Bestreuen
etwas Kakaopulver

1. Den Backofen auf 180 °C Ober-/Unterhitze (Umluft: 160 °C) vorheizen.
2. Zucker, Eier, etwas Salz, abgeriebene Zitronenschale und Orangensaft, Öl, Mehl und Backpulver in einer großen Schüssel vermischen. Alles muss gründlich vermengt werden; aufpassen, dass sich keine Klümpchen bilden. Eine Backform (ca. 20 × 20 cm) buttern und den fertigen Teig hineinfüllen. 35–40 Minuten im Ofen backen.
3. Nach dem Backen die Oberfläche mit Puderzucker und etwas Kakopulver bestäuben. Wenn alles hundertprozentig sein soll, eine Ausstechform oder eine Schablone der florentinischen Lilie beschaffen (man kann auch selbst eine herstellen: Lilie auf Papier zeichnen und ausschneiden) und mit Kakaopulver eine Lilie aufstreuen.

Trippa alla fiorentina

Kutteln florentinische Art

Ich hab's ja immer gesagt, die einfachsten Dinge sind die besten, in der Küche wie im Leben. Kutteln waren – wie Labmagen, aus dem man das Gericht Lampredotto zubereitet – ein Abfallprodukt und gehörten zum sogenannten fünften Viertel, dem »quinto quarto«. Das waren die Reste, die nach dem Zerteilen des Schlachttiers in vier Teile, zwei Vorder- und zwei Hinterteile, übrig blieben. Heute sind Kutteln eine Delikatesse. Raffinierte Rezepte sind nicht nötig, meiner Meinung nach ist die beste Zubereitung immer noch die einfachste, die ein jeder hinbekommen kann: mit Tomate, Geschmack gebendem Gemüse und einem Schwung geriebenem Parmesan. Das einzige Problem ist, die richtige Kochzeit zu treffen.

Zubereitung
1 Stunde

Schwierigkeit

Zutaten für 4 Portionen
1 kg Kutteln vom Kalb, gereinigt und vorgekocht
1 Karotte
1 Zwiebel
1 Stange Staudensellerie
Olivenöl nativ extra
100 ml Weißwein
500 g Tomaten, gehäutet
Salz, Pfeffer
Parmesan, gerieben
4 Scheiben Weißbrot, geröstet

1. Die Kutteln unter kaltem Wasser gründlich waschen. Abtropfen lassen und in eher feine Streifen schneiden (ca. 2 cm breit).

2. Dann das Gemüse vorbereiten: Karotte schälen, Zwiebel häuten, Blätter der Selleriestange abschneiden. Gemüse waschen, klein schneiden und mit etwas Öl in eine Pfanne geben. Auf mittlerer Stufe anbraten.

3. Sobald das Gemüse Farbe bekommen hat, die geschnittenen Kutteln und Wein hinzugeben. 10 Minuten kochen, dabei häufig umrühren, und den Wein verdampfen lassen.

4. Tomaten, Salz und Pfeffer zugeben und mindestens 30 Minuten auf mittlerer bis niedriger Stufe kochen; den Deckel dabei nicht auflegen, damit es nicht zu dünnflüssig wird. Je nach Art und Schnitt der Kutteln müssen sie eventuell länger kochen.

5. Zum Prüfen der Konsistenz einen Streifen mit dem Messer durchschneiden. Ist er hart, muss das Ganze noch weiterkochen, bis die Kutteln weicher geworden sind.

6. Wenn es so weit ist, nach Belieben geriebenen Parmesan hinzugeben, alles vermengen und jeweils mit einer Scheibe geröstetem Weißbrot servieren.

Mit Einsatz
kann
man alles
schaffen

Ich war vierzehn, als ich hörte, dass in einer Textilfabrik zwei Kilometer von zu Hause entfernt Personal gesucht wurde. Die Fabrik gehörte der Familie Piazzini. Sie fertigten Hemden und Unterwäsche und lieferten sie ins ganze Land. Wir hatten das Jahr 1955, Italien befand sich mitten im Wirtschaftsboom. Fabriken expandierten, Verkäufe und Exporte typischer Produkte ins Ausland gingen durch die Decke.

Zusammen mit drei Schwestern stellte ich mich dort vor. Wir wurden alle genommen. Zwei von uns wurden in die Näherei geschickt, ich und die dritte Schwester in die Bügelabteilung. Wir mussten die gefertigten und gereinigten Kleidungsstücke bügeln und wieder in die Fertigungsabteilung bringen, dann wurden sie etikettiert und verschickt. Um uns das Bügeln zu erleichtern, verwendeten wir Kartoffelstärke. Die Aufgabe war monoton und manchmal war man müde, aber man musste sich konzentrieren, denn wenn man ein Kleidungsstück ruinierte, wurde einem etwas vom Gehalt abgezogen.

Die Tage waren lang: Ich wurde nach Stückzahl bezahlt, also nach der Anzahl der gebügelten Kleidungsstücke. Je länger ich also arbeitete, je mehr Hemden ich bügelte, umso mehr Geld bekam ich. Es wurde von sechs Uhr am Morgen bis acht Uhr am Abend gearbeitet, und wenn viel zu tun war, auch länger. Mittags gab es nur eine Stunde Pause und meine Schwestern und ich schafften es gerade so, nach Hause zu gehen und etwas zu essen.

Wir waren alle vier sehr schnell.

Deswegen wurden wir wegen unserer Mutter Romolina, von der alle noch wussten, wie effizient sie gearbeitet hatte, »die Romoline« genannt. Darauf war ich stolz.

Der Verdienst war gut, auch wenn für mich nur recht wenig blieb, denn die Familie musste unterstützt werden. Am Zahltag versammelte mein Vater uns um den Küchentisch, fragte jede, wie viel sie verdient hätte in diesem Monat, und nahm alle Gehälter an sich, um einen »Familienfonds« anzulegen. Uns ließ er bloß einen kleinen Teil. Gut, ich gebe es zu, wir waren nicht ganz ehrlich, was die Summe betraf, die wir verdient hatten, und wir behielten etwas für uns zurück. Ich bin überzeugt, dass mein Vater das wusste, aber er hat nie etwas gesagt.

Ansonsten galt man damals mit vierzehn Jahren als erwachsen und es wurde von einem erwartet, dass man in der Lage war, sich um einige persönliche Dinge selbst zu kümmern. Die wirtschaftlichen Bedingungen waren nun einmal, wie sie waren, und man konnte den Eltern nicht zu lange auf der Tasche liegen: Sobald man arbeiten konnte, musste man nicht nur allmählich für sich selbst sorgen, sondern auch eine Einkommensquelle für die Familie werden.

Eine Frau fing außerdem in dem Alter an, etwas für die Aussteuer aufzuheben. Mit achtzehn Jahren war man schon im heiratsfähigen Alter und hatte bei der Hochzeit zur Gründung der neuen Familie beizutragen. Normalerweise ging es um Weißwäsche und Haushaltsgegenstände, und wenn auch noch ein Geldbetrag da war, umso besser. Mädchen begannen daher ein paar Jahre im Voraus, alles Notwendige Stück für Stück beiseitezulegen. Das habe auch ich gemacht; mit dem ersten Gehalt kaufte ich, was ich für meine Brautausstattung brauchte: Kleidung, Schuhe, etwas Schminke. Mit den nächsten Gehältern konnte ich mir die ein oder andere Kapriole erlauben.

Mit der Zeit und mit meiner schnellen, präzisen Arbeitsweise verdiente ich mir die Wertschätzung der Familie Piazzini. Eines Tages baten sie mich, als ich gerade bügelte: »Silvana, gehst du bitte zu uns nach Hause, nach oben, und setzt Wasser für die Pasta auf?« Dann begann die Signora, mir andere Aufgaben zu übertragen, wie sauber machen und kochen. Von ihr habe ich einige Rezepte gelernt, die ich noch heute koche, zum Beispiel die Gemüsesoße Pomarola alle verdure. Am Ende hatte ich mir das Vertrauen der Familie so weit erworben, dass ich mit ihnen am Tisch sitzen durfte und aß, was ich selbst gekocht hatte. Diese Aufgaben wurden mir zusätzlich bezahlt und ich habe dieses Geld nicht meinem Vater gegeben, deswegen verdiente ich allmählich gut.

Mittlerweile fühlte ich mich als Frau und ich war nicht die Einzige, der das auffiel.

Auf dem Rückweg von der Arbeit kam ich an der Bar des Dorfes vorbei und sah dort immer einen Jungen, Giovanni Martini. Er hatte so himmelblaue Augen, wie hätte man ihn da übersehen können?

Die Bar war nachmittags der Treffpunkt der jungen Leute, auch, weil man in Montespertoli ansonsten nicht viel unternehmen konnte. Man war sich darüber einig, dass das Vergnügen etwas für Schwächlinge sei, für Arbeitsscheue. Für alle anderen kam zuerst die Pflicht. Zum Feiern trafen wir Jugendlichen uns in irgendeinem Gebäude oder in einer Garage, stellten Musik an und tanzten. In diesen Jahren hörten die jungen Leute nicht mehr Claudio Villa, sondern bewegten sich zum Rhythmus der ersten Rock-'n'-Roll-Songs. Eins meiner Lieblingslieder war »Stay by me, Diana!«, gesungen von diesem Amerikaner Paul Anka. Auch ich ging zum Tanzen in die Garage, aber ich hielt das vor meinem Vater geheim, oh ja! Denn hätte er mich erwischt, hätte er mir die Ohren lang gezogen.

Die Bar war gut besucht, sie besaß nämlich auch einen Schatz: ein Fernsehgerät. In der Bar fernzusehen war damals ein gemeinschaftliches Ritual, denn niemand hatte zu Hause einen Fernseher und die Sendungen waren etwas völlig Neues. RAI war erst seit 1954 auf Sendung.

Es gab einen fixen Termin, zuerst am Samstag, später am Donnerstagabend, und zwar die Quizsendung »Lascia o raddoppia?«, in der man einen Gewinn nehmen oder aufs Spiel setzen und verdoppeln konnte. Ein sympathischer Halbamerikaner um die dreißig, Mike Bongiorno, moderierte das Ganze. Zuvor hatte man in Italien noch nie ein Spiel um Geld im Fernsehen gesehen. Die Gewinne erschienen uns astronomisch hoch und man saß da und fieberte mit den Kandidaten mit, versuchte, die richtigen Antworten zu geben, und träumte sich an ihren Platz. Auch das Festival di Sanremo schaute ich mir dort an, allerdings war das Lokal so voll, dass ich zwar die Lieder hörte, aber kein einziges Mal zwischen den vielen Köpfen hindurch etwas sah. »Nel blu dipinto di blu« (»Volare«) konnte ich allerdings auswendig.

Giovanni kannte ich, denn auch er kam aus Montespertoli. Er war ein schöner junger Mann, er gefiel mir; ich hielt ihn für einen anständigen Menschen, und als ich ihn näher kennenlernte, fand ich das bestätigt. Sein Vater hatte einen kleinen Hühnervertrieb. Er kaufte die Hühner von den Bauern im Dorf, schlachtete sie, bereitete sie küchenfertig vor und dann lud er sie auf sein Pferd (ja, aufs Pferd) und zog los, um sie in Gaststätten und Restaurants der umliegenden Dörfer zu verkaufen. Als ich Giovanni anfangs dort in der Bar gesehen habe, dachte ich, er hätte keine Arbeit. Dann fand ich heraus, dass er in Florenz in einer Fabrik als Dreher arbeitete. Bevor er morgens aufbrach, half er früh um vier seinem Vater, das Pferd zu beladen.

Sie waren eine Familie von Kaufleuten, es ging ihnen also besser als uns, die wir immer hatten kämpfen müssen, um etwas auf dem Tisch zu haben. Als ich bemerkte, wie Giovanni mich anschaute, habe ich es daher zuerst gar nicht weiter ernst genommen. Was für ein Gedanke, dass er sich für mich interessieren könnte! Und doch ... Er schaute heute, schaute morgen, am Ende habe ich mich in diese himmelblauen Augen verliebt.

Er war nicht meine erste Liebe. Ich hatte einen anderen Freund gehabt, aber wir waren nur kurze Zeit zusammen gewesen. Wir waren jung und wussten nicht, was wir wollten, was wir erwarteten. Mit Giovanni war alles anders; ich verstand sofort, dass wir bei vielen Dingen einer Meinung waren.

Wir verlobten uns. Als mein Papa das erfuhr, sagte er zu Giovanni: »Also die, die hat einen Dickkopf, das wirst du schon noch merken!« Aber in Wahrheit konnte er einfach nicht glauben, dass ich unter der Haube war. Und außerdem musste er nun eine weniger satt bekommen!

Einer der Aspekte, die mich und Giovanni verbanden, war die gemeinsame Vorstellung von unserer Zukunft: Wir waren beide überzeugt, dass Arbeiten und Einsatz für ein Projekt der richtige Weg sind, um ein Ziel zu erreichen.

Giovanni war ein unruhiger Geist, einer, der tausend Ideen hatte, und er stürzte sich hinein, ohne viel darüber nachzudenken. Da zeigte sich vielleicht der Unterschied zwischen uns: Ich war mehr vor möglichen wirtschaftlichen Konsequenzen auf der Hut, während er Hals über Kopf loslegte und von der Begeisterung mitgerissen wurde.

Aber damals war historisch betrachtet der richtige Moment, um sich in etwas zu stürzen. Es waren die frühen sechziger Jahre, die Wirtschaft boomte, die Firmen gediehen und der Handel mit handwerklichen Erzeugnissen florierte. Und man brauchte Arbeitskräfte. Jetzt hatten die Menschen eine Anstellung, ein Gehalt und fingen wieder an, Geld auszugeben. Sie kauften die ersten Fiat 500 und 600, die ersten Fernseher für zu Hause, vor allem aber gab man Geld für die

Produkte aus, auf die man früher hatte verzichten müssen, zum Beispiel Fleisch.

Giovanni beschloss, dass der Betrieb seines Vaters für Verarbeitung und Vertrieb von Geflügel ein gutes Geschäft mit vielversprechenden Wachstumsmargen war. Er hörte auf, als Dreher zu arbeiten – es hatte ihm nicht gefallen – und übernahm den kleinen Familienhandel mit dem Plan, ein richtiges Unternehmen daraus zu machen. Nicht viele boten einen solchen Dienst an. Er wollte sich auf diesem Markt, auf dem noch wenig Wettbewerb herrschte, etablieren und das Angebot erweitern.

Ich mochte meine Stelle bei Familie Piazzini nicht aufgeben, wollte aber gleichzeitig Giovanni bei seinem neuen Unterfangen unterstützen, und so machte ich ein paar Jahre lang beides. Ich bin ehrlich: Es hat mich enorme Opfer gekostet, aber die Plackerei hat mich nicht abgeschreckt. Ich tat es für Giovanni, ich tat es für uns und für die Familie, die wir gründen wollten. Meine Hauptaufgabe bestand darin, die Körbe für die Hühner vom Lastwagen abzuladen und sauber zu machen, sodass sie für die nächste Fuhre bereit waren. Ich habe aber auch geholfen, die Wagen zu beladen und die Hühner in die Kühlung zu bringen. Es gab viel zu tun. Und vor den Feiertagen, wenn noch mehr nachgefragt wurde, da musste man nicht rennen, sondern fliegen!

Die Geschäfte liefen gut und nach einer Weile beschloss Giovanni, einen Kühllastwagen anzuschaffen, damit er eine größere Zahl von Kunden bedienen konnte. Es war eine große Investition, die sich aber gut bezahlt machte: Man konnte nun mehr Ware schneller befördern, und so stieg die Nachfrage. Innerhalb kurzer Zeit versorgten sich immer mehr Geschäfte und Restaurants bei uns und es gab auch den ein oder anderen Einzelverkauf. Giovanni suchte neue Zulieferer, weil die Bauern im Dorf die Nachfrage nicht mehr bedienen konnten. Er begann, zweimal pro Woche morgens nach Forlì zu fahren, montags und mittwochs, und kaufte bei den lokalen Züchtern. Wir erwarben ein Stück Land. Dort bauten wir das Magazin und einen Raum für die Schlachterei und einige Maschinen für die Fleischverarbeitung, dann kamen zwei weitere Kühllastwagen dazu. Und als es nicht mehr alleine zu schaffen war, stellten wir die ersten Mitarbeiter ein.

1963 endlich kauften Giovanni und ich ein Haus und heirateten. Im Jahr darauf erwartete ich schon unser erstes Kind, Marco. Da musste ich nun meine Arbeit als Büglerin aufgeben und mich der Familie und unserer Firma widmen. Bis zum letzten Moment habe ich gearbeitet: Als der Bauch zu dick geworden war, lud ich mir die Hühnerkörbe auf den Rücken.

Nach Marcos Geburt habe ich nur kurze Zeit pausiert und danach Giovanni wieder geholfen. Achtzehn Monate später war ich erneut schwanger, diesmal mit einem Mädchen: Simona.

Die Tage waren für mich lang und anstrengend, aber ich habe mich ihnen weiterhin eisern und mit einem Lächeln gestellt, wie immer. Ich blieb bei den Kindern und arbeitete mit Giovanni, aber sogar für mich war das zu viel, also haben wir eine Babysitterin eingestellt. Wenn sie nicht da war, kümmerte sich meine Mutter Romolina um Marco und Simona, vor allem donnerstags und freitags, wenn die Lastwagen beladen und Ware versandt werden musste.

Wir brachten den Bau eines neuen Hauses auf den Weg und Giovanni kaufte ein Landgut: vier Hektar Weinstöcke und Olivenbäume mit mehreren Gebäuden. Er hatte vor, aus diesem Landgut einen zweiten Betrieb zu machen, parallel zum ersten. Montespertoli war bekannt für Wein und Öl, deswegen wollten wir mit der Produktion dieser einheimischen Erzeugnisse anfangen und diese dann verkaufen.

Ich war müde, aber glücklich.

Nach den Entbehrungen des Krieges hatte das Leben mir alles gegeben, was ich mir wünschte: eine schöne Familie und einen gut gehenden Betrieb, sogar zwei. Was konnte da schon schiefgehen?

Die Rezepte

Cacciucco alla livornese
Fischsuppe aus Livorno

Cacciucco ist eine Fischsuppe aus den Regionen Viareggio und Livorno. Schon 1891 veröffentlichte Pellegrino Artusi, der Vater aller toskanischen Rezeptesammler, das Rezept in seinem Buch *Von der Wissenschaft des Kochens und der Kunst des Genießens.* Artusi unterschied zwischen Cacciucco aus Livorno (livornese) und aus Viareggio (viareggiano), doch in Wahrheit gibt es unglaublich viele Rezepte dieser Suppe. Ich habe eine Grundversion gewählt. Man kann aber um die zehn verschiedene Sorten Fisch und Meeresfrüchte nehmen. Die Fischsuppe ist in all ihren Varianten ein traditionelles Gericht in Hafenstädten und wird dort mit den Zutaten gekocht, die es gerade gibt; Oktopus fehlt allerdings nie. Ich empfehle, Fisch anhand des Tagesfangs auszuwählen, damit die Zutaten auch sicher ganz frisch sind.

Zubereitung
2 Stunden (plus 3 Stunden zum Putzen der Fische und Meeresfrüchte, sofern nicht geputzt gekauft)

Schwierigkeit
4 von 5

Zutaten für 4 Portionen
500 g Miesmuscheln
300 g Roter Drachenkopf
400 g Glatthai
500 g Oktopus
250 g Sepien
Olivenöl extra nativ
1 Knolle Knoblauch
1 Peperoncino-Schote
1 Zweig Salbei
300 g passierte Tomaten
100 ml Rotwein
Salz, Pfeffer
250 g Scampi
Petersilie, gehackt
8 Scheiben Brot zum Rösten

1. Für dieses Rezept ist es ratsam, Meeresfrüchte und Fisch schon geputzt und geschuppt zu kaufen. Ansonsten beginnt man mit dem Putzen. Ganz wichtig ist, die Miesmuscheln zum Entsanden mindestens 3 Stunden in kaltes, leicht salziges Wasser legen. Drachenkopf und Glatthai schuppen, Köpfe und Schwänze entfernen und die Fische in Steakscheiben schneiden. Beim Oktopus Innereien im Kopf sowie Augen und Mundwerkzeug herausschneiden (Details siehe Seite 99), bei den Sepien den zentralen Knorpel entfernen.

2. Oktopus und Sepien in eher grobe, mittelgroße Stücke schneiden.

3. Etwas Öl in eine sehr große Pfanne geben. Knoblauch abziehen und zwei Zehen beiseitelegen. Die übrigen zerdrücken und mit Peperoncino und Salbeiblättern in die Pfanne geben. Ein paar Minuten anbraten. Sobald der Knoblauch etwas Farbe bekommt, den Oktopus hinzugeben und mindestens 20 Minuten mit aufgelegtem Deckel kochen lassen.

4. Sollte er während der Kochzeit zu trocken werden, mit heißem Wasser verlängern.

5. Nach 20 Minuten die Sepien hinzugeben und nochmals 25–30 Minuten kochen.

6. Passierte Tomaten und Rotwein zugießen. 10 Minuten weiterkochen. Nun auch Glatthai- und Drachenkopfsteakscheiben hinzugeben, mit Salz und Pfeffer würzen und den Deckel wieder auflegen. Wie zuvor: Sollte es zu trocken werden (also zu wenig Soße), mit heißem Wasser verdünnen.

7. Nach etwa 10 Minuten mischen und die Fischsteaks auf die andere Seite legen – aufpassen, dass sie nicht kaputtgehen – und nochmals 10 Minuten kochen lassen.

8. Die Miesmuschen ca. 5 Minuten in einem Topf kochen, bis sie aufgehen. Ein Viertel der Muscheln in den Schalen lassen, die anderen herauslösen.

9. Zum Schluss die Muscheln mit den Scampi zum Cacciucco geben und erneut 20–30 Minuten kochen. Wichtig ist, dass alle Meeresfrüchte und der gesamte Fisch gar sind. Die Gabelprobe machen: Drachenkopf und Glatthai müssen weich sein, aber nicht zerfallen, Sepien und Oktopus müssen weich sein, aber nicht gummiartig.

10. Mit gehackter Petersilie bestreuen, vom Herd nehmen und vermengen.

11. Brotscheiben in einer Pfanne oder im Toaster rösten, mit den beiden übrig behaltenen Knoblauchzehen einreiben und aromatisieren und im Ganzen in den Cacciucco geben.

Cacciucco alla livornese

Fischsuppe aus Livorno

Varianten

Außer den oben aufgeführten Fischsorten kann man auch Seezunge, Meerbarbe, Heuschreckenkrebs, Roten Knurrhahn oder Seeteufel nehmen. Es ist lediglich auf die Garzeiten zu achten, die je nach Fisch variieren.

Pasticcini di pasta di mandorle
Mandelkekse

Pasticcini di pasta di mandorle
Mandelkekse

Wenn ihr im Winter gern am Nachmittag Tee trinkt oder wenn ihr Besuch bekommt, dann kommt hier eine schöne Idee zum Verwöhnen: das klassische Gebäck zum Tee aus Mandelteig, mit einem Tropfen Marmelade gekrönt. Die Pasticcini sind schnell fertig. Einfach abends vorbereiten, damit sie über Nacht ruhen können, und am nächsten Tag backen.

Zubereitung
30 Minuten

Ruhezeit
10 Stunden

Backzeit
10–15 Minuten

Schwierigkeit
◆◆◇◇◇

Zutaten für 12 Stück
170 g Mandelmehl
120 g Zucker
100 g Mandeln
2–3 Eiweiß
Bio-Zitronenschale, abgerieben
Aprikosenmarmelade

1. Zunächst Mehl und Zucker vermischen. Dann die Mandeln hinzufügen und alles mehrere Minuten im Mixer pürieren, bis die Mandeln vollständig zerkleinert sind.
2. In einem Extragefäß Eiweiße 2 Minuten schaumig schlagen, zum Mandel-Mehl-Zuckergemisch hinzugeben und alles gründlich vermengen. Sollte die Masse zu fest sein, kann man noch ein schaumig geschlagenes Eiweiß ergänzen.
3. Zitronenschale hinzufügen und erneut vermengen.
4. Die Masse in eine Spritztüte mit gezackter Tülle und mindestens 10–12 mm Durchmesser füllen.
5. Ein Backblech mit Backpapier auslegen und mit der Spritztüte kleine Teighäuflein mit ca. 3 cm Durchmesser und 2 cm Höhe auf das Blech setzen (Abstand lassen). Oben in die Mitte jeweils eine kleine Menge Aprikosenmarmelade geben, ungefähr ½ TL. Darauf achten, dass die Marmelade nicht überläuft! Das Backblech mindestens 10 Stunden in den Kühlschrank stellen.

6. Den Ofen auf 180 °C Ober-/Unterhitze vorheizen (Umluft: 160 °C). Das Blech aus dem Kühlschrank nehmen und 12–15 Minuten in den vorgeheizten Ofen geben. Das Gebäck darf nicht zu dunkel werden, sondern soll immer eher hell sein. Vor dem Servieren abkühlen lassen.

Oder lieber eine Kirsche?

Als Alternative zum Tropfen Marmelade könnt ihr auch eine kandierte und mit Puderzucker bestäubte Kirsche auf den Keksen platzieren.

Cantucci arancia e cioccolato

Cantucci mit Orange und Schokolade

Neben den Ricciarelli zählen die Cantucci zu den süßen Backwaren, die am häufigsten online bei mir bestellt werden, denn sie sind ein Symbol für die toskanische Küche. Hier stelle ich euch eine Variante mit Orange und Schokolade vor, aber wenn ihr sie nach traditioneller Art backen wollt, nehmt einfach dasselbe Rezept ohne diese beiden Zutaten. Und hier noch ein nettes Detail: Der Name »Cantucci« kommt vermutlich von »Canto«, was im toskanischen Dialekt »Teil« bedeutet, denn die Teigstange wird im Ganzen gebacken; erst in der letzten Phase der Backzeit wird sie in Scheiben geschnitten und die »Canti« wandern dann nochmal in den Ofen, damit sie eine goldene Farbe bekommen.

Zubereitung
45 Minuten

Backzeit
20 Minuten

Schwierigkeit
2 von 5

Zutaten für 30 Cantucci
60 g Butter
30 g Orangeade, gewürfelt
150 g Mehl Type 00
1 TL Backpulver
30 g Kakaopulver, ungesüßt
1 EL Honig
2 mittelgroße Eier
70 g Zucker

1. Butter aus dem Kühlschrank nehmen und ca. 30 Minuten weich werden lassen.

2. Den Backofen auf 170 °C Ober-/Unterhitze (Umluft: 150 °C) vorheizen und ein Backblech mit Backpapier auslegen. Orangeade sehr klein schneiden.

3. Mehl (20 g aufheben) und Backpulver in eine Schüssel sieben.

4. Orangeade, Kakao, Honig, Butter, Eier und Zucker hinzugeben und mit einem Schneebesen oder einer Gabel verrühren. Dann eine Arbeitsfläche mit dem restlichen Mehl bestäuben, den Teig aus der Schüssel nehmen und einige Minuten lang mit den Händen kneten.

5. Den Teig in 2 lange, etwa 2 cm hohe Stränge aufteilen. Die Stränge mit gutem Abstand zueinander auf das Backblech setzen und 15 Minuten backen.

6. Beim Herausnehmen sind die Stränge weich, weil sie heiß sind. Mit einem Brotmesser schräg in ca. 1,5 cm breite Scheiben schneiden. Die Temperatur auf 150 °C herunterstellen und die Cantucci nochmals für 5 Minuten in den Ofen schieben. Sobald sie fertig gebacken sind, herausnehmen und abkühlen lassen.

7. Die Cantucci halten sich in einem geschlossenen Behälter bis zu 15 Tage.

Wenn sie aufgebläht sind, dann sind sie gut!

Ihr werdet bemerken, dass die Cenci sich beim Frittieren aufblähen: Alles in Ordnung, das heißt, ihr habt gut gearbeitet. Ihr werdet sehen, wie knusprig sie sind!

Cenci di Carnevale
Karnevalsgebäck

In der Toskana verlangt die Tradition, dass man zum Karneval Cenci macht. Im Grunde ist dieser Brauch in ganz Italien verbreitet, und zwar mit unterschiedlichen Namen: In Norditalien nennt man sie »chiacchiere«, das bedeutet »Plauderei«, oder »bugie«, das wären die »Lügen«. In Mittelitalien heißen diese Teigstreifen hingegen wie Stoffstreifen »frappe«. Das Rezept ist jedoch stets ganz ähnlich. Bei uns kommt der Name »Cenci« – Lumpen – vielleicht daher, dass sie eine unregelmäßige Form haben und sehr dünn sind, wie Stofffetzen. Das Geheimnis ihrer Knusprigkeit ist auch eben dies: den Teig so dünn wie irgend möglich ausrollen.

Zubereitung
1 Stunde

Schwierigkeit
2 von 5

Zutaten für 4 Portionen
2 Eier
60 g Zucker
70 g Butter
500 g Mehl Type 00
Salz
30 ml Rum
20 ml Likörwein Vin Santo
Öl zum Frittieren
Puderzucker

1. Die Eier in ein Gefäß oder in die Rührmaschine geben, Zucker, Butter, Mehl, 1 Prise Salz und zuletzt den Rum hinzufügen. Nach und nach vermischen und dabei den Vin Santo in kleinen Schlückchen zugeben. Verarbeiten, bis ein glatter Teig entstanden ist.

2. 20 Minuten ruhen lassen, dann mit einer Teigrolle so dünn wie nur möglich ausrollen.

3. Mit einem Messer ca. 5 × 10 cm große Rechtecke ausschneiden.

4. Das Öl in einer Pfanne erhitzen und wenn es kocht, die Cenci erst von einer, dann von der anderen Seite frittieren, bis sie eine leicht knusprige Konsistenz und eine goldene Farbe haben. Abtropfen lassen, zum Abkühlen auf Küchenpapier legen und auf beiden Seiten mit Puderzucker bestäuben.

5. Vin Santo ist ein hervorragender Begleiter dazu.

Crostini con i fegatini toscani

Röstbrot mit Hühnerleber toskanische Art

Ich weiß, viele mögen keine Innereien, aber vielleicht könntet ihr eure Meinung ja ändern, wenn ihr meine Crostini toscani probiert, schön würzig mit ein paar Kapern und Sardellen. Ihr könnt sie als schmackhafte Antipasti anbieten, denn in größeren Mengen sind sie letztlich zu mächtig. Ich allerdings esse jedes Mal, wenn ich sie zubereite, am Ende einen ganzen Teller voll.

Zubereitung
1 Stunde

Schwierigkeit
2 von 5

Zutaten für 4 Portionen
½ Würfel Hühnerbrühe
1 Karotte
1 Stange Staudensellerie
1 Zwiebel
250 g Hühnerleber
1 Glas Olivenöl nativ extra
Salz, Pfeffer
¼ Tube Tomatenmark
30 g Butter
4 Sardellenfilets
25 g Kapern
500 g Weißbrot

1. Für die Hühnerbrühe 300 ml Wasser aufkochen und den halben Brühwürfel darin auflösen.

2. Karotte putzen und in ca. 3 cm dicke Stücke schneiden. Mit der Selleriestange wiederholen. Die Zwiebel häuten und klein schneiden. Hühnerleber säubern.

3. In einer Pfanne das Olivenöl erhitzen, das klein geschnittene Gemüse hineingeben und braten, bis es etwas Farbe bekommt. Leber, Salz und Pfeffer hinzugeben und alles vermischen.

4. 15 Minuten braten, dann auch Tomatenmark, Butter, Sardellen und Kapern hinzufügen. Wer möchte, hebt ein paar Kapern als Deko für die fertigen Crostini auf.

5. Nun das Ganze mit etwas Brühe verdünnen, aber nicht unbedingt alles hineingießen – die Brühe soll der Pastete eine ideale Konsistenz geben, nicht zu fest und nicht zu flüssig. Nicht vergessen: Die Masse wird auf die Crostini gestrichen.

6. Die noch heiße Masse pürieren, bis ein homogener Brei entstanden ist.

7. Das Brot in Scheiben schneiden und in einer Pfanne (oder im Ofen) erhitzen, bis die Scheiben knusprig sind. Die Leberpastete auf die noch warmen Scheiben streichen und servieren. Mit einem Gläschen Rotwein dazu ist es der Himmel auf Erden.

Mozzarella vorbereiten

Wird frischer Mozzarella verwendet, kann im Ofen viel Milch austreten und den Teig der Mini-Pizzen zu stark durchweichen. Damit das nicht passiert, lasst ihr den Mozzarella einige Stunden in einem Nudelsieb abtropfen und drückt ihn vor der Verwendung mit den Händen aus.

Pizzette per bambini

Mini-Pizzen für Kinder

Wie oft ist es mir passiert, dass ich mir für die Freunde meiner Enkelsöhne Simone und Gabriele einen leckeren Snack ausdenken musste, wenn sie plötzlich bei mir hereinstürmten? Ein Rezept, das immer funktionierte, waren die Pizzette: gesund, weil selbst gemacht, schnell zubereitet und bei allen beliebt, auch bei den quengeligsten Essern. Ihr könnt sie mit Tomate und Mozzarella belegen, probiert aber auch mal aus, andere Zutaten hinzuzunehmen. Sie sind so lecker, dass Kinder sie sogar mit Gemüse verputzen!

Zubereitung
1 Stunde

Ruhezeit
30 Minuten

Backzeit
20 Minuten

Schwierigkeit
2 von 5

Zutaten für 4 Portionen (ca. 8 Mini-Pizzen)

500 g Mehl Type 00
12 g Hefe
12 g Salz
5 g Zucker
3 EL Olivenöl nativ extra
250 g Mozzarella
passierte Tomaten nach Belieben
8 Blatt Basilikum (optional)

1. Mehl, Hefe und ca. 300 ml kaltes Wasser in eine Schüssel geben und anfangen, gründlich zu vermischen. Nun Salz und Zucker hinzugeben und nochmals vermischen. Auch das Öl hinzufügen und ca. 10–15 Minuten vermengen, bis der Teig schön homogen ist.
2. Aus dem Teig kleine Kugeln zu je ca. 20 g rollen und 30 Minuten unter Frischhaltefolie ruhen lassen.
3. Den Backofen auf 180 °C Ober-/Unterhitze (Umluft: 160 °C) vorheizen. Mozzarella klein zupfen.
4. Mit den Fingern in der Mitte jeder Mini-Pizza eine Vertiefung bilden und mit passierten Tomaten füllen.
5. Die Mini-Pizzen auf ein mit Backpapier ausgelegtes Backblech setzen und 10 Minuten backen. Herausnehmen, mit dem zerzupften Mozzarella belegen und nochmals 10 Minuten in den Ofen geben.
6. Wer mag, kann noch ein Basilikumblatt daraufgeben.

Pollo alla cacciatora
Huhn nach Jägerinart

Sonntags steht bei mir immer ein Huhn nach Jägerinart auf dem Tisch. Ich weiß, dass jede Familie ein eigenes Rezept hat: Die einen geben außer Zwiebeln auch Staudensellerie und Karotten hinzu, andere kochen es mit Brühe. Ich brate es an, lösche es mit Wein ab und lasse es in Tomatenfruchtfleisch schmoren. Schlicht und einfach, aber köstlich!

Zubereitung
15 Minuten

Kochzeit
35 Minuten

Schwierigkeit
2 von 5

Zutaten für 4 Portionen
1 Zwiebel
2–3 Lorbeerblätter
1,5 kg Hühnchen, zerlegt
2 EL Olivenöl nativ extra
1 Zweig Rosmarin
120 ml Rotwein
450 g Tomatenfruchtfleisch
Salz, Pfeffer
kleine Tomaten zum Garnieren (optional)

1. Zunächst die Zwiebel klein schneiden. Lorbeerblätter waschen. Anschließend das Hühnchen säubern.

2. Ein paar EL Olivenöl nativ extra in einer großen Pfanne erhitzen und gehackte Zwiebel und Rosmarin hineingeben. Wenn die Zwiebel allmählich eine goldene Farbe bekommt, das Hühnchen und die ganzen Lorbeerblätter in die Pfanne geben. Sobald das Fleisch von außen angebraten und schön goldbraun ist (das dauert ca. 10 Minuten), den Rotwein zugießen und verdampfen lassen. Danach das Tomatenfruchtfleisch sowie Salz und Pfeffer hinzufügen.

3. Umrühren, Deckel auflegen und auf mittlerer bis niedriger Stufe 35 Minuten garen. Sollte die Soße zu stark einkochen, mit etwas Wasser verdünnen. Nach Belieben mit Tomatenhälften garnieren. Sehr heiß servieren.

Pomodori ripieni di verdure al parmigiano

Tomaten mit Gemüse-Parmesan-Füllung

Wie köstlich schmecken die gefüllten Tomaten im Sommer, wenn sie so schön reif und aromatisch sind! Die klassische Variante isst man mit Reis, ich hingegen mag eine mit Gemüse der Saison sehr gern: Auberginen, Zucchini und Paprika. Ich habe hier zwei Tomaten pro Person gerechnet, aber die Mengen variieren je nachdem, als was ihr sie betrachtet – als Antipasti, Hauptgericht, Beilage oder auch als Komplettmahlzeit, die ihr als Picknick mitnehmt.

Zubereitung
45 Minuten

Kochzeit
30 Minuten

Schwierigkeit
●●●○○

Zutaten für 4 Portionen
8 runde Fleischtomaten
Olivenöl nativ extra
Salz, Pfeffer
1 gelbe Paprikaschote
1 rote Paprikaschote
1 Zucchini
1 Aubergine
Parmesan, gerieben

1. Die Tomaten gründlich waschen, dann etwas unterhalb des Stielansatzes durchschneiden; so entsteht die Öffnung zum Füllen. Das Fruchtfleisch mit einem Löffel herausnehmen und in eine Schüssel geben. Tomaten innen mit etwas Öl, etwas Salz und etwas Pfeffer (dezent) würzen. 10 Minuten einziehen lassen.

2. In der Zwischenzeit die Füllung vorbereiten. Gemüse waschen und putzen, Kerne und Stiele entfernen und Gemüse fein würfeln. 1 El Öl in eine Pfanne geben. Sobald es heiß ist, das Tomatenfruchtfleisch hineingeben und 1 Minute anbraten, dann das gewürfelte Gemüse hinzugeben und 5 Minuten auf mittlerer Stufe schön brutzeln lassen.

3. Den Backofen auf 180 °C Ober-/Unterhitze (Umluft: 160 °C) vorheizen.

4. Tomaten in eine mit Backpapier ausgelegte Auflaufform setzen und mit dem Gemüse füllen; dieses dabei möglichst kompakt zusammendrücken. Etwas geriebenen Parmesan aufstreuen und ca. 30 Minuten backen.

Schiacciata toscana

Toskanisches Fladenbrot

Als es noch keine elektrischen Backöfen für zu Hause gab und man alles im Holzofen zubereitete, kam der flach gedrückte Teig – »schiacciare« bedeutet flach drücken – in den Ofen, um zu prüfen, ob dieser schon die richtige Temperatur zum Brotbacken hatte. Die Schiacciata ist also traditionell flach, damit sie schneller durchgebacken ist. Auf der Oberfläche des Fladenbrots sind die Abdrücke der Fingerspitzen: kleine Vertiefungen, in denen sich Salz und Öl zum Würzen sammeln.

Zubereitung
10 Minuten

Ruhezeit
1 ½ Stunden

Backzeit
20 Minuten

Schwierigkeit
4 von 5

Zutaten für ein 30 × 40 cm großes Blech
500 g Mehl Type 00
20 g Salz + etwas mehr
5 g Bierhefe
Olivenöl nativ extra
Rosmarin

1. In einer Schüssel oder in der Rührmaschine Mehl und Salz mischen, dann 300 ml Wasser und die Hefe hinzugeben. Nochmals alles mischen, bis der Teig elastisch wird. Mit Plastikfolie abdecken und 30 Minuten ruhen lassen.

2. Den Teig auf einer bemehlten Arbeitsfläche ausbreiten und nochmals kneten, dann wiederum 30 Minuten abgedeckt ruhen lassen.

3. Nun geht es ans Falten. Dein Teig mit den Händen zu einem Rechteck ausbreiten. Mit der Vorstellung, das Rechteck sei in 3 kleinere rechteckige Abschnitte unterteilt, das erste Rechteck über das mittlere legen und dann das dritte über die beiden ersten. Nun hat man ein Rechteck, das durch Übereinanderlegen der drei vorigen Rechtecke entstanden ist. Den Teig nun nochmals in der Mitte falten.

4. Das Kneten und Falten dreimal wiederholen, dann den Teig wiederum 30 Minuten ruhen lassen.

5. Den Backofen auf 180 °C Ober-/Unterhitze (Umluft: 160 °C) vorheizen.

6. Ein 30 × 40 cm großes Backblech mit Backpapier auslegen, mit Öl beträufeln und mit Salz bestreuen. Den Teig hineinlegen und mit den Fingerspitzen so weit wie möglich ausbreiten.

7. Die Teigoberfläche mit etwas Öl und wenig Salz besprenkeln, Rosmarin dazugeben und ca. 20 Minuten im Ofen backen, bis die Oberfläche eine goldene Farbe bekommen hat.

Tagliatelle fatte in casa con il mio ragù

Hausgemachte Tagliatelle mit meiner Hackfleischsoße

Tagliatelle mit Ragù sind ein Klassiker, der in jeder Familie von einer Generation zur anderen weitergegeben wird. Ich habe die Zubereitung von meiner Mutter Romolina gelernt, sie aber im Laufe der Zeit hier und da etwas abgewandelt. Meine Mutter hat mehr Gemüse verwendet, weil das Fleisch damals zu teuer war. Die ganze Sache dauert mit Zubereitung der Tagliatelle und der Soße recht lange, es gibt aber auch zwischendurch Phasen, in denen nichts zu tun ist. Das Ragù braucht mindestens 3 Stunden, deshalb könnt ihr gut damit beginnen und die Tagliatelle zubereiten, während es kocht. Tja, wenn man leckere Dinge haben will, muss man sie sich kochen!

Zubereitung
1 Stunde

Kochzeit
3 Stunden

Schwierigkeit
3 von 5

Zutaten für 4 Portionen
FÜR DAS RAGÙ:
1 Karotte
½ Stange Staudensellerie
1 Zwiebel
40 g Olivenöl nativ extra
Salz
220 g Rinderhackfleisch
80 ml Rotwein
250 g passierte Tomaten

1. Karotte putzen und fein würfeln, Selleriestange und Zwiebel ebenfalls. Mit etwas Öl in einen großen flachen Topf geben und anbraten. Nach Belieben salzen und umrühren.

2. Hackfleisch dazugeben und anbraten. Sobald es gebräunt ist, Rotwein zugießen und einkochen lassen. Nachdem der Wein verdunstet ist, die passierten Tomaten hinzufügen. Auf niedriger Stufe mindestens 3 Stunden köcheln lassen. Falls nötig, das Ragù mit etwas Wasser oder aber – damit es nicht zu dünn wird – mit mehr passierten Tomaten verdünnen.

3. In der Zwischenzeit um die Tagliatelle kümmern.

FÜR DIE TAGLIATELLE:
400 g Mehl Type 00
4 Eier
Salz

4. Auf einer Arbeitsfläche das Mehl anhäufen; in der Mitte eine Vertiefung für die Eier lassen. Die Eier hineingeben, dazu 1 Prise feines Salz. Zu Anfang mit einer Gabel die Eier verrühren. Nach und nach das Mehl dazunehmen; dabei den »Mehlkrater« von innen nach außen einarbeiten. Sobald der Teig fest genug ist, kann man mit den Händen weiterkneten.

5. Wenn Eier und Mehl komplett vermengt sind, den Teig zu einem Laib formen und eine halbe Stunde ruhen lassen, am besten in einer Schüssel und mit Frischhaltefolie abgedeckt, damit er nicht zu trocken wird.

6. Nach der Ruhezeit die Arbeitsfläche bemehlen. Den Laib auf die Fläche legen und mit einer Teigrolle ausrollen, möglichst 1–2 mm dünn und ganz gleichmäßig, damit die Teigplatte nicht reißt. Die Form der Teigplatte sollte rechteckig und etwa 20–25 cm groß sein, sodass die Tagliatelle lang werden.

7. Jetzt die Teigplatte zusammenfalten: An einer Längsseite den Rand zur Mitte legen, mit dem Rand der anderen Längsseite wiederholen. Zum Schluss das Ganze in der Mitte zusammenklappen. Nun müsste die Teigplatte in vier Schichten gelegt und das Ergebnis ca. 5 cm breit sein. Sie wird jetzt »in Scheibchen geschnitten« und man erhält Streifen, die 1–2 cm breit sind.

8. Zum Schluss die Streifen entrollen, damit sie nicht zusammenkleben, und die Tagliatelle auf einer Arbeitsfläche ausgebreitet 10 Minuten ruhen lassen.

9. Die Tagliatelle wenige Minuten in kochendes Salzwasser geben und mit viel Ragù sofort auf den Tisch bringen.

Zuccotto
Biskuit-Creme-Torte

Beim florentinischen Zuccotto handelt es sich um eine Torte, die ich erst im Laufe der Zeit für mich entdeckt habe, denn sie ist weder billig noch einfach in der Zubereitung. Deswegen gibt es sie hauptsächlich an Festtagen, wenn es etwas Besonderes sein soll. Erfunden hat den Zuccotto vermutlich Bernardo Buontalenti (1531–1608), Architekt von Cosimo I. de' Medici, und zwar zu Ehren von Caterina de' Medici, die mit dem französischen König Heinrich II. verheiratet war. Für die rundliche Form der Süßspeise kleidete Buontalenti einen Helm der florentinischen Infanterie – einen Zuccotto, da haben wir's – mit Biskuit aus.

Zubereitung
1 Stunde

Backzeit
20–25 Minuten

Ruhezeit
5 Stunden

Schwierigkeit
◆◆◆◆◇

Zutaten für 4 Portionen

FÜR DEN BISKUIT:
300 g Ei
180 g Zucker
80 g Mehl Type 00
70 g Kartoffelstärke
Salz

FÜR DIE CREME:
500 g Ricotta
60 g Zucker
130 g Sahne, nicht geschlagen
20 g Kakaopulver, ungesüßt
50 g Schokotröpfchen
100 ml Alchermes-Likör (alternativ Rum oder Maraschino)

ZUM DEKORIEREN:
Puderzucker, Kakaopulver oder Garnitur nach Belieben

1. Den Backofen auf 170 °C Ober-/Unterhitze (Umluft: 150 °C) vorheizen.

2. Für den Biskuitteig Eier und Zucker 10 Minuten in der Maschine oder ca. 15 Minuten mit der Hand aufschlagen. Im Verlauf nach und nach Mehl, Stärke und 1 Prise Salz hinzugeben und zu einem cremigen Teig ohne Klümpchen verarbeiten.

3. Den Teig auf ein Backblech gießen und gut verteilen. 20–25 Minuten backen. Herausnehmen und abkühlen lassen.

4. Unterdessen für die Creme Ricotta und Zucker in einer Schüssel gründlich verrühren. In einem weiteren Gefäß die Sahne mit dem Elektromixer aufschlagen, zur Ricottamasse geben und unterheben. Kakaopulver und Schokotröpfchen hinzufügen und behutsam vermengen, ebenfalls durch Unterheben. Die Masse in eine Spritztüte füllen.

5. Biskuit in ca. 3 cm breite Streifen schneiden.

6. Zwei Drittel der Streifen zum Auskleiden einer Schüssel verwenden und dabei möglichst die gesamte Innenfläche bedecken. Nun die Biskuitstreifen an der Oberfläche mit der Hälfte des Likörs tränken. Die Creme bis zum Rand der Biskuit-Auskleidung einfüllen. Das Ganze mit den restlichen Biskuitstreifen abschließen. Mit einem Messer überstehenden Biskuit am Rand der Schüssel entlang abschneiden.

7. Mit Frischhaltefolie abdecken und 5 Stunden in den Kühlschrank stellen. Nach dieser Ruhezeit die Folie entfernen und die Schüssel sehr vorsichtig auf einen Teller stürzen. Mit Kakaopulver und Puderzucker bestäuben oder nach Belieben dekorieren.

Zweifarbige Füllung

Die Hälfte der Creme kann man nach Belieben mit Kakaopulver mischen, bevor sie in die Biskuitform gefüllt wird. Die weiße Hälfte der Creme darüberschichten.

Die Kunst des Neuanfangs

Die Probleme begannen, als Giovanni sich in den Kopf setzte, den Hühnerbetrieb zu verkaufen. Nach zwanzig Jahren hatte er keine Lust mehr auf diese Arbeit. »Ich möchte etwas anderes machen«, sagte er. Ich wusste, dass er ein rastloser Geist war, auf den neue Projekte stets eine große Anziehungskraft ausübten, und tatsächlich hatte ja auch sein Elan uns dorthin gebracht, wo wir waren, aber jetzt kam es mir so vor, als würde er unsere ganze Arbeit über den Haufen werfen.

»Wie bitte?«, erwiderte ich. »Wir bekommen immer mehr Kunden und du willst verkaufen, bloß weil du ›keine Lust mehr‹ hast?« Von meinem Standpunkt aus konnten wir doch mit dieser Firma, die wir mit viel Mühe erfolgreich gemacht hatten, unsere Kinder großziehen und eines Tages auch ihnen Arbeit geben. Zu verkaufen und sich an etwas Neuem zu versuchen war ein Risiko, und mir war nicht danach, eines einzugehen, ich sah keine Notwendigkeit dafür. Für mich ging es uns so, wie es war, bestens.

Letzten Endes wurde die Firma mit allen Maschinen, Immobilien und Lastwagen verkauft. Ich habe »verkauft« geschrieben, aber vielleicht müsste es »verschenkt« heißen, denn meiner Meinung nach war der Preis zu niedrig. Aber Giovanni hatte seine Entscheidung mittlerweile getroffen und wollte den Betrieb schnell loswerden. Und so ging alles dahin, was wir in zwanzig Jahren zusammen aufgebaut hatten.

Unsere Wege trennten sich unvermeidlich.

»Wir haben uns gern«, sagten wir einander bei einer offenen Aussprache und schauten uns in die Augen, »aber jeder soll für sich leben.«

Es war kein Abschied, es wurde uns lediglich bewusst, dass wir in unterschiedliche Richtungen gingen. Da war Zuneigung, da war Wertschätzung, aber das reichte nicht mehr aus, denn wir hatten keine gemeinsamen Ziele mehr, die uns zusammenhielten.

Wir nahmen uns Zeit, um darüber nachzudenken, wie unsere Neustarts nun aussehen sollten. Giovanni lebte noch eine Weile mit uns zusammen; am Ende trennten wir uns. Damals musste man fünf Jahre getrennt sein, bevor man sich scheiden lassen konnte. Er blieb im Haus unserer Familie, während ich mit Marco und Simona in das Landgut umzog, das wir gekauft hatten.

Das Landgut war ein Unternehmen, das man erst noch aufbauen musste, aber das schreckte mich nicht. Ich war eine alleinstehende Frau, Mutter von zwei Kindern, saß aber am Steuer eines Traktors. Die Szene konnte ungewöhnlich wirken, das gebe ich zu, und sie war es auch. Ich war in einer Zeit groß geworden – den Vierziger- und Fünfzigerjahren –, in der Frauen nicht für eine verantwortungsvolle Rolle bei der Arbeit bestimmt waren, und Unternehmerinnen wurden sie schon gleich gar nicht. Man hatte uns auf die Hauswirtschaft vorbereitet, auf Sticken, Kochen, auf alles, was man brauchte, um im Haus perfekt zu schalten und zu walten.

Ich hatte mit 21 Jahren den Führerschein gemacht, das war damals das Mindestalter. Viele Frauen hatten keinen, weil nicht vorgesehen war, dass eine Frau allein unterwegs war. Wohin hätte sie auch fahren sollen? Man ging in die Geschäfte des Viertels zum Einkaufen oder in die Kirche. Das war's. Die wenigen Frauen, die herausstachen, schafften es dank einer enormen Willenskraft und kämpften oft gegen Stereotype und das Urteil der Leute.

»Hör doch auf«, sagten sie zu mir. »In was verstrickst du dich da, ohne Ehemann? Unternehmen sind Männersache.«

In den Achtzigerjahren kam Veränderung in die Dinge, aber langsam, und bekanntermaßen kommen Neuerungen auf dem Land immer später an.

Außerdem war ich geschieden, in einer Zeit, in der die Scheidung eine noch recht junge Errungenschaft war. In Italien gab es Scheidungen erst seit 1970 und viele waren nicht damit einverstanden. Das ging so weit, dass es 1974 eine Volksabstimmung zur Abschaffung des Gesetzes gab, das die Scheidung erlaubte. Ich erinnere mich an die ganze Kampagne für die Volksabstimmung, an die öffentlichen Personen, die sich für die Scheidung aussprachen: Nino Manfredi, Gigi Proietti … Gianni Morandi und seine erste Frau, Laura Efrikian, hatten sogar einen Spot gedreht. Man sah sie zu Hause im Wohnzimmer mit den Kindern und sie erklärten, wenn eine Familie nicht glücklich ist, sei es richtig, dass man sich scheiden lassen könne, und zwar zum Wohl der Eheleute und auch der Kinder. Und nach ein paar Jahren haben auch diese beiden sich getrennt. Das Ehescheidungsgesetz blieb in Kraft, aber es war noch immer ungewöhnlich, sich scheiden zu lassen. Die meisten entschieden sich, trotz der Differenzen zusammen zu bleiben; oft »zum Wohl der Kinder« oder aus Angst vor dem Tratsch der Leute.

Was mich betraf, so fühlte ich mich voll und ganz in der Lage, eine Firma aufzubauen und voranzubringen, und zwar genauso gut wie ein Mann. Wenn Margaret Thatcher im Vereinigten Königreich Premierministerin geworden war, konnte auch ich es schaffen.

Nicht zum ersten Mal stellte ich mich gegen die Erwartungen der Menschen an mich als Frau. Auch als ich eine Babysitterin für Marco und Simona eingestellt hatte, um meinem Mann mit der Firma zu helfen, hatten manche etwas dagegen zu sagen gehabt.

Auf dem Landgut krempelte ich die Ärmel hoch, ohne viel darüber nachzudenken. Ich wusste, wo ich hinwollte und dass ich mit Willenskraft mein Ziel erreichen würde. Das Landgut sollte etwas einbringen, ich wollte es aber auch möglichst gut in Schuss haben, damit es seinen Wert behielt, falls ich mich irgendwann entscheiden würde, es wieder zu verkaufen.

Von einigen Angestellten unterstützt verbrachte ich die Tage damit, die Felder zu pflügen und die Ernte zu bestellen. Als es Zeit war zu ernten und Oliven zu pflücken, halfen mir Marco und Simona. Sie waren mittlerweile groß.

An Aufgaben mangelte es nicht. Die Trauben beschäftigten mich praktisch das ganze Jahr über. Als Allerersters mussten die Reihen angelegt werden. Waren die Rebstöcke gepflanzt, dauerte es ein paar Jahre, bis sie kräftig wurden und Früchte trugen.

Falls ihr euch mit Trauben nicht auskennt: Die Weinbereitung ist ein langer Prozess und Ernte und Fermentation sind bloß der letzte Teil.

Man muss den Weinberg frei von Unkraut halten, denn es nimmt der Pflanze Nährstoffe, man muss die Weinstöcke beschneiden und die Triebe so befestigen, dass sie unter dem Gewicht der Trauben nicht abbrechen. Und dann hofft man auf das Wetter: Es muss genügend Wasser sein, aber nicht zu viel, sonst wird der Wein wässrig. Für die Sonne gilt dasselbe, denn von ihr hängt die Zuckerkonzentration in den Beeren ab und damit der Alkoholgehalt.

Am Ende des Sommers kommt endlich die Stunde der Ernte. Das ist ein feierlicher Moment, denn dann sieht man, ob die Arbeit der vorangegangenen Monate für etwas gut war.

In Dörfern mit starker landwirtschaftlicher Aktivität wie Montespertoli ist die Ernte ein Ritual, und die ganze Gemeinschaft ist ein-

bezogen: Überall sind Traktoren voller Traubengefäße und die Erwartungen zu Menge und Qualität des Weins der Saison zählen zu den Hauptgesprächsthemen, denn davon hängt der ganze Profit der Winzer ab. Dasselbe gilt für Öl, das zwischen September und Dezember produziert wird.

Auf unserem Landgut erkannten wir an Färbung und Zuckergehalt, ob die Beeren so weit waren, und dann ernteten wir von Hand. Sehr mühselig: Ende August waren wir den ganzen Tag unter der Sonne auf den Beinen, schnitten behutsam die ganzen Trauben ab und legten sie in die Kisten zu unseren Füßen. Wenn die Kiste voll war, leerten wir sie in die größeren Behälter, die am Ende der Reihe aufgestellt wurden. Dann wurden die großen Behälter auf den Traktor geladen. Ich war diejenige, die den Traktor in den Weinkeller zur Weinbereitung brachte. Dann kehrte ich aufs Feld zurück, wo die Erntehelfer ihn erneut beluden. Es war ein einziges Hin und Her. Heute ist es etwas anders, aber eben auch nicht so erfüllend. Es gibt viel mehr Maschinen und irgendjemand hatte sogar die Idee, nachts zu ernten. Im Weinkeller füllten wir die Trauben in die Bottiche um und sie wurden zur Mostgewinnung ausgepresst. Ab da begann der Prozess der Weinbereitung mit Fermentation und Reife in unseren Fässern. Zum Schluss füllten wir den Wein in Flaschen ab und verkauften ihn.

Fünf Jahre nach der Trennung von Giovanni war es für uns beide Zeit, einen Schlusspunkt zu setzen und neu zu beginnen. Wir ließen uns scheiden. Die Trennung war eine Übergangsphase gewesen mit dem Zweck, dass wir uns an unser neues Leben gewöhnen, aber jetzt spürten wir das Bedürfnis loszulassen.

Auch das Landgut war in gewisser Weise ein Teil dieses Übergangs gewesen. Ich merkte, dass ich nicht für immer weitermachen konnte. Als Giovannis Cousin Vasco mir von seiner Stickerei erzählte, spitzte ich daher die Ohren.

Er sagte, er habe viele Aufträge und bräuchte jemanden, der ihm hilft. Die Arbeit bestand darin, die Zeichnungen auf den Stoffen, welche die Kunden selbst uns gaben, umzusetzen. Ich könnte selbstständig von zu Hause aus arbeiten. Ich sagte zu.

Ich verkaufte einen Teil des Landgutes und wandte mich ganz und gar dieser neuen Tätigkeit zu. Sie garantierte mir einen besseren und beständigeren Verdienst. Und außerdem würde ich nicht mehr bei jedem Eisregen oder Unwetter zittern müssen vor Furcht, dass die Arbeit eines Jahres dahin sein könnte.

Vasco brachte mir die Aufträge und ich führte sie aus. Simona half mir: Zusammen waren wir schnell und konnten eine schöne Menge an Aufträgen wegschaffen. Marco wiederum fand eine andere Arbeit.

Aber die Dinge änderten sich im Textilsektor, die Handstickerei wurde immer weniger. Mittlerweile hatte man spezielle Maschinen, die schnell und präzise arbeiteten. Weiterhin von Hand zu sticken war nicht möglich, noch nicht mal eine »Romolina« hätte mit einer Maschine konkurrieren können. So entschloss ich mich zu einem großen Schritt: Ich kaufte für zwanzig Millionen Lire eine gebrauchte Stickmaschine. Ein Geschäft, auf das ich stolz bin, wenn man bedenkt, dass die Preise für Instrumente dieser Art damals erheblich höher waren. Ich stellte die Maschine wie eine Siegestrophäe mitten in einem großen Zimmer des Hauses auf.

Um die Muster auf die Stoffe aufzubringen, musste man sie aber zuerst auf eine Spule übertragen, und die wurde in die Maschine eingesetzt. Für die Übertragung auf die Spule brauchte man ein spezielles Gerät, das ich nicht besaß. Deswegen musste ich ständig nach Quarrata fahren, 30 Kilometer von Montespertoli entfernt. Dann kam ich mit der Spule nach Hause, setzte sie in meine Stickmaschine ein und arbeitete weiter bis spät in die Nacht.

Eine Weile lief alles gut, dann ging die Arbeit allmählich zurück. Simona hatte in der Zwischenzeit in Empoli ein eigenes Geschäft für Geschenk- und Haushaltsartikel eröffnet. Sie wurde von zwei Angestellten vertreten, aber die Einnahmen, um die Gehälter zu bezahlen, wurden immer weniger. Es schien, als gebe es keine Alternative zum Konkurs.

Doch ich habe den Kopf nicht hängen lassen: Ich setzte mich ans Telefon und rief persönlich bei zig Firmen an, ohne auf Aufträge von Vasco zu warten. Das war ein guter Schachzug. Ich erhielt viele neue Aufträge und der Betrieb kam wieder in Gang, so stark, dass ich ein paar Monate später eine neue Maschine kaufte. Diesmal war es ein Gerät erster Güte: eine japanische Barudan, mit der man nicht nur stickte, sondern auch die Entwürfe erstellte. Endlich musste ich nicht mehr nach Quarrata fahren, ich war ganz und gar unabhängig.

Die Ankunft der Barudan brachte meinen Sohn Marco wieder ins Haus. Er hatte in der Zwischenzeit eine Bar übernommen. Die Maschine war perfekt, aber auch kompliziert und ich verstand nicht viel von Technik – ich brauchte einen Fachmann. Dieser Fachmann war Marco. Er hörte mit der Bar auf und kümmerte sich darum, die Zeichnungen mit dem Computer der Maschine zu entwerfen. Und wenn dann etwas zu reparieren war, übernahm er das. Es war nicht sein Beruf, aber wie seine Mutter lässt auch er sich nicht so schnell entmutigen. Er wappnet sich mit Geduld und lernt, was zu lernen ist.

In dieser Zeit trat eine Wende ein: Ein Betrieb aus Calenzano gab uns so viel Arbeit, dass wir weitere Maschinen kauften und das Haus praktisch eine Stickfabrik wurde. Betten brauchten wir jedenfalls keine, wir benutzten sie nämlich nicht. Mit Entwerfen, Sticken und Ausliefern der fertigen Produkte hatten wir Tag und Nacht zu tun.

Aber mittlerweile waren wir in den Neunzigern und der Textilmarkt wurde von einer epochalen Veränderung erschüttert. Anstatt zu modernisieren und in Innovation zu investieren, verlegten viele Firmen die Herstellung ins Ausland, wo die Produktionskosten niedriger waren. Was machte es schon, dass oft zu schäbigen Gehältern und ohne Beachtung der Sicherheitsnormen gearbeitet wurde? Sie konnten Stickereien sogar in hervorragender Qualität zu Niedrigstpreisen liefern. Noch nicht einmal mit modernsten Maschinen hätte ich diesen Schlag verkraften können. Es bedeutete schlicht und einfach das Ende der handwerklichen Stickerei. Nationales Symbol dieser Krise war Prato, aber in Wirklichkeit mussten viele Familienunternehmen in ganz Italien schließen, vor allem im Norden.

Es war Zeit für Veränderung. Mal wieder.

Die Rezepte

Biscotti per i bambini
Kekse für die Kleinen

Eine Kundin bat mich eines Tages, Kekse für ihre Kinder zu backen, weil sie keine industriell hergestellten Kekse aßen. Also habe ich mir dieses Rezept ausgedacht, ganz einfach und auch zu Hause schnell gemacht. Die Kleinen mochten sie unheimlich gern. Probiert es aus, ich bin sicher, dass eure Kinder den Unterschied zu gekauften Keksen aus dem Supermarkt schmecken! Wenn ihr Lust habt, könnt ihr sie auch als Zeitvertreib zusammen mit den Kindern backen – sie sind so einfach, da riskiert ihr keinerlei Küchenchaos.

Zubereitung
20 Minuten

Ruhezeit
1 Stunde

Backzeit
10 Minuten

Schwierigkeit
1 von 5

Zutaten für 8 Stück
100 ml Vollmilch
100 g Butter
120 g weißer Zucker
10 g Backpulver
250 g Mehl Type 00

1. Milch und Butter mit einem Elektromixer verrühren, dann Zucker, Backpulver und Mehl hinzugeben. Alles weiter zu einem Laib verarbeiten, mit Frischhaltefolie abdecken und ungefähr 1 Stunde im Kühlschrank ruhen lassen.
2. Den Ofen auf 180 °C Ober-/Unterhitze (Umluft: 160 °C) vorheizen.
3. Den kalten Teig mit einer Teigrolle etwa 0,5 cm dick ausrollen. Nun die Kekse in der gewünschten Form zuschneiden. Wer möchte, kann auch Ausstecher verwenden.
4. Die Kekse 10 Minuten im Ofen backen.

Variante für meine naschhaften Enkel

Anstatt Schokoladeneier in den Teig zu geben, kann man sie auch im Ofen schmelzen und den fertig gebackenen Kuchen damit übergießen. Das Ergebnis macht optisch viel her und lässt einem das Wasser im Mund zusammenlaufen.

Ciambellone all'uovo di Pasqua

Napfkuchen mit Schokoladen-Ostereiern

Wenn ich im Leben eines gelernt habe, dann, dass man in der Küche alles wiederverwenden kann. Dieses Rezept habe ich erfunden, um den Berg an Schokoladeneiern abzubauen, den Gabriele und Simone zu Ostern bekamen und nicht aufessen konnten (auch wenn sie das gern getan hätten). So habe ich einen schönen Kuchen für das Frühstück daraus gemacht, ideal, um den Tag mit einer essbaren Streicheleinheit zu beginnen.

Zubereitung
40 Minuten

Backzeit
20 Minuten

Schwierigkeit
2 von 5

Zutaten für 4 Portionen
2 Eier
200 g Zucker
200 g Mehl Type 00
150 ml Vollmilch
4 EL Samenöl
8 g Backpulver
abgeriebene Schale von 1 Bio-Orange
1 großes, hohles Osterei
Butter zum Einfetten
Puderzucker

1. Den Ofen auf 180 °C Ober-/Unterhitze (Umluft: 160 °C) vorheizen.
2. Die Eier in eine Schüssel aufschlagen und Zucker, Mehl, Milch, Samenöl, Backpulver und Orangenschale hinzugeben. Zu einem glatten, gleichmäßigen Teig vermengen. Alles in eine Ciambella- oder Napfkuchenform füllen (wer keine besitzt, nimmt eine beliebige Kuchenform). Man kann die Form mit Butter einfetten, damit der Kuchen nach dem Backen leichter herauszunehmen ist.
3. Das Schokoladenei in nicht zu winzige Stücke zerkleinern (3–4 cm groß) und auf den noch ungebackenen Teig geben.
4. Den Kuchen nun 20 Minuten backen.
5. Den Kuchen abkühlen lassen und mit Puderzucker bestreuen.

Carpaccio di polpo
Oktopus-Carpaccio

Meine Alltagsküche ist erdverbunden und beruht auf Fleisch und Feldfrüchten. Im Laufe der Zeit habe ich jedoch auch Fisch und Meeresfrüchte schätzen gelernt, die in meiner Kindheit aus Gründen, die man sich denken kann, niemals auf dem Tisch standen. Dieses Rezept habe ich von meinem Enkel Gabriele gelernt; ab und zu angelt er nach neuen Rezepten und lässt sie mich ausprobieren. Das Carpaccio bereite ich vor allem im Sommer gern zu, wenn es warm ist: Es dauert nicht lange, die Zeiten bezeichnen fast komplett Koch- und Ruhezeiten. Einzige Bedingung: Der Oktopus muss richtig frisch sein.

Zubereitung
30 Minuten

Kochzeit
1 Stunde 30 Minuten

Ruhezeit
1 Tag

Schwierigkeit
3 von 5

Zutaten für 4 Portionen

1 kg frischer Oktopus
100 g Staudensellerie
1 Karotte
1 Zwiebel
1 Bund Petersilie
2 Zitronen
Olivenöl nativ extra
Salz, Pfeffer
100 g Rucola
12 Oliven

1. Den Oktopus putzen und säubern oder besser fertig geputzt beim Fischhändler des Vertrauens kaufen. Unter fließendes Wasser halten und abreiben; darauf achten, dass eventuelle Verunreinigungen abgewaschen werden. Sollte er hart sein, mit dem Fleischklopfer weicher machen.

2. Sellerie waschen, Karotte schälen und Zwiebel abziehen. Gemüse in einem Topf mit Wasser aufsetzen und, sobald es kocht, den Oktopus hineingeben.

3. Ca. 1, 5 Stunden mit aufgelegtem Deckel kochen lassen.

4. Anschließend den Oktopus in ein Nudelsieb abgießen und klein schneiden.

5. Eine große Plastikflasche in der Mitte durchschneiden und in den Flaschenboden ein paar Löcher bohren. Oktopus hineingeben und zusammenpressen, sodass das Wasser durch die Löcher abfließt.

6. Nun die Plastikflasche bis zur Höhe der eingefüllten Oktopusstücke abschneiden. Mit Frischhaltefolie abdecken, sodass die Stücke zusammengepresst bleiben.

7. Ca. 24 Stunden im Kühlschrank ruhen lassen.

8. Am Folgetag den Oktopus herausnehmen – falls nötig, die Flasche mit einer Schere aufschneiden – und die Stücke auf ein Schneidebrett legen. In sehr feine Scheiben schneiden, am besten mit einer Aufschnittmaschine, ansonsten mit dem Messer. Petersilie waschen und fein hacken. Die Zitronen auspressen, Kerne entfernen. Saft in einer Schüssel mit Öl, Salz, Pfeffer und Petersilie vermischen.

9. Rucola waschen und klein zupfen. Auf jedem Teller ein Bett aus Rucola bereiten und die Oktopusscheiben darauf anrichten. Zum Schluss mit der Soße aus Zitronensaft und Öl benetzen und das Gericht mit 1 oder 2 Oliven abrunden.

So putzt man einen Oktopus

Den Kopf umstülpen und alle Innereien unter fließendem Wasser entfernen. Nun mit einem kleinen, scharfen Messer die Augen kreisförmig herausschneiden. In der Mitte, wo die Tentakel angesetzt sind, befindet sich das Mundwerkzeug; es wird ebenfalls mit der Messerspitze herausgeschnitten. Hat der Oktopus noch den Tintensack, wird er sehr vorsichtig entfernt. Aufpassen, dass man ihn nicht kaputtmacht – er lässt sich sehr gut für Pasta al nero di seppia verwenden. Ist die Haut zu hart und soll ebenfalls entfernt werden, so lässt sie sich nach dem Kochen ganz einfach mit den Händen abstreifen.

Carpaccio di polpo
Oktopus-Carpaccio

Ravioli fatti a mano con ripieno di patate
Selbst gemachte Ravioli
mit Kartoffelfüllung

Ravioli fatti a mano con ripieno di patate

Selbst gemachte Ravioli mit Kartoffelfüllung

Nichts macht einen so zufrieden wie mit eigenen Händen hergestellte Pasta. Erst recht Ravioli, denn die haben schon ein höheres Niveau. Im Grunde ist es jedoch leichter, als es aussieht, man braucht lediglich etwas Übung, damit man ein Gefühl dafür bekommt, ob die Pasta die richtige Konsistenz hat, ob noch eine Winzigkeit Mehl an den Teig muss, ob die Teigplatte zu dick oder zu dünn ist. Ich nehme hier für den Anfang eine klassische Kartoffelfüllung, aber wenn ihr erst etwas Erfahrung habt, könnt ihr nach Herzenslust ausprobieren: Manche geben Provola (ein italienischer Schnittkäse) hinzu, andere Speck und wieder andere etwas frische Minze.

Zubereitung
2 Stunden

Ruhezeit
30 Minuten

Schwierigkeit
4 von 5

Zutaten für 4 Portionen

FÜR DIE FÜLLUNG:
400 g Kartoffeln
100 g Parmesan, gerieben
Muskatnuss
Salz, Pfeffer

FÜR DIE PASTA:
400 g Mehl Type 00
4 Eier
Salz

FÜR DIE SOSSE:
20 g Butter
5–6 Salbeiblätter
Parmesan, gerieben

1. Zuerst wird die Füllung zubereitet. Kartoffeln waschen und in Salzwasser kochen. Sobald sie abgekühlt sind, pellen und mit einer Flotten Lotte oder einem Kartoffelstampfer zerdrücken. Parmesan, Muskatnuss, Salz und Pfeffer nach Belieben hinzugeben.

2. Nun die frische Pasta herstellen. Das Mehl auf eine Arbeitsfläche häufen und in die Mitte die Eier sowie 1 Prise Salz geben. Mit einer Gabel die Eier verrühren und nach und nach das Mehl einarbeiten. Wenn der Teig fest genug ist, mit den Händen weiterkneten.

3. Wenn Eier und Mehl komplett vermengt sind, den Teig zu einem Laib formen und eine halbe Stunde ruhen lassen,

am besten in einer Schüssel und mit Frischhaltefolie abgedeckt, damit er nicht zu trocken wird.

4. Den Teig mit einer Teigrolle ausrollen, möglichst 2 mm dünn und ganz gleichmäßig, damit die Teigplatte nicht reißt.

5. Nun auf die eine Hälfte der Teigplatte mit einem Löffel oder einer Spritztüte im Abstand von 5–6 cm zueinander kleine Häufchen Füllung setzen. Die andere Hälfte der Teigplatte darüberklappen, sodass die erste Hälfte bedeckt ist.

6. Alle Ravioli nun rings um die Füllungen herum behutsam zusammendrücken und darauf achten, dass im Innern keine Luft verbleibt. Es ist wichtig, dass sie ganz dicht verschlossen sind, damit sie beim Kochen nicht kaputtgehen. Nun mit einem Teigrad die Ravioli voneinander trennen.

7. Den übrig gebliebenen Teig ebenfalls verarbeiten und so lange fortfahren, bis die Füllung aufgebraucht ist.

8. Die Ravioli einige Minuten in kochendem Wasser garen.

9. In der Zwischenzeit Salbeiblätter waschen. In einer Pfanne die Butter schmelzen und die Salbeiblätter hinzufügen. Die fertigen Ravioli in die Pfanne zu Butter und Salbei geben, vorsichtig wenden. Großzügig mit geriebenem Parmesan abrunden.

Crema di ceci e cozze

Kichererbsenpüree mit Miesmuscheln

Die Kombination Kichererbsen und Miesmuscheln ist ein absoluter Klassiker der italienischen Küche. Ich mag dieses samtige Püree sehr, sowohl im Winter als auch im Sommer, denn man kann es zwar heiß essen, aber lauwarm schmeckt es ebenfalls gut.

Zubereitung
30 Minuten

Muscheln reinigen
2 Stunden

Schwierigkeit

Zutaten für 4 Portionen
1 kg Miesmuscheln, geputzt
½ Zwiebel
1 Karotte
500 g Kichererbsen aus der Dose
Olivenöl nativ extra
1 Zweig Rosmarin
Salz

1. Die Miesmuscheln ca. 2 Stunden in kaltes Wasser legen, dann die Muschelseide (den »Bart«, der zwischen den Schalen herauskommt) entfernen. Die Schalen mit einer kleinen Bürste unter fließendem Wasser schrubben, falls nötig.

2. Die Miesmuscheln in ca. 200 ml Wasser in einem Topf aufsetzen und auf mittlerer bis niedriger Stufe 5–10 Minuten kochen, bis sich alle geöffnet haben. Das Kochwasser beim Abgießen auffangen und beiseitestellen. Muscheln, die sich nicht geöffnet haben, aussortieren, da sie schlecht sind.

3. Die Zwiebel abziehen, Karotte schälen und beides klein schneiden. Kichererbsen abgießen und abtropfen lassen. Etwas Öl mit dem Rosmarinzweig in einer Pfanne erhitzen. Sobald es heiß genug ist, Zwiebel und Karotte hineingeben und ca. 5 Minuten anbraten.

4. Rosmarin herausnehmen, Kichererbsen hinzufügen und umrühren; 10 Minuten weiterbraten. Nun können Kichererbsen und Gemüsestückchen mit etwas Muschel-Kochwasser püriert werden, bis eine Creme in der gewünschten Konsistenz entstanden ist.

5. Die Muscheln (ohne Schalen) und 1 Prise Salz hinzugeben. Zu diesem Püree passt geröstetes Brot.

Frittelle di riso dolci

Süße Reiskrapfen

Reiskrapfen zählen zu meinen Lieblingssüßspeisen, denn sie sind schlicht und lecker. In der Toskana werden sie anscheinend schon seit dem 15. Jahrhundert zubereitet, aber es war nicht gerade ein günstiges Gericht, denn damals war Reis noch nicht sehr verbreitet. Heute ist es eine typische Süßspeise für den Karneval und zum Vatertag, und so heißen sie nach dem Schutzpatron der Väter auch Frittelle di San Giuseppe, St.-Josef-Krapfen.

Zubereitung
40 Minuten

Schwierigkeit
2 von 5

Zutaten für 10–15 Krapfen

750 ml Vollmilch
½ TL Salz
100 g Reis
30 g Zucker
40 g Butter
Schale von 1 Bio-Zitrone, abgerieben
40 g Rosinen
40 g Mehl Type 00
1 Ei
½ Glas Vin Santo (Likörwein)
1 l Erdnussöl
Puderzucker

1. In einem großen Topf (darin wird später der Teig vermengt) Milch und Salz erhitzen. Sobald die Milch anfängt zu kochen, Reis, Zucker, Butter und abgeriebene Zitronenschale hinzugeben. Auf niedriger Stufe unter Umrühren köcheln lassen, bis der Reis die gesamte Flüssigkeit aufgenommen hat. 10 Minuten abkühlen lassen, dann Rosinen, Mehl, Ei und Vin Santo hinzugeben.

2. Das Ganze mit einer Gabel verrühren, damit sich keine Klümpchen bilden.

3. Mit angefeuchteten Händen oder mit einem Löffel kleine, walnussgroße Bällchen formen.

4. Das gesamte Öl in eine Pfanne gießen und wenn es kocht, jeweils 3 bis 4 Bällchen auf einmal hineingeben. Sobald sie eine goldene Farbe bekommen haben, herausnehmen und auf ein mit Küchenpapier ausgelegtes Tablett legen. Mit Puderzucker bestäuben.

5. Warm oder kalt servieren. Das Gebäck hält sich einige Tage im Kühlschrank.

Pollo al limone

Zitronenhühnchen

Weißes Fleisch kommt ja fast überall auf den Tisch, aber wenn man es oft isst, weiß man am Ende nicht mehr, wie man es noch zubereiten soll. Falls euch die Ideen ausgehen, fragt mich, denn von Hühnern verstehe ich etwas. Hier kommt ein einfaches, frisches kleines Rezept, perfekt für den Sommer. Zitrone mildert schön den Geschmack des Huhns, der ja nicht jedem gefällt. Vor allem Kinder sind ganz versessen auf diese Kombination.

Zubereitung
20 Minuten

Schwierigkeit
◆◇◇◇◇

Zutaten für 4 Portionen
650 g Hähnchenbrust
2 Zitronen
½ EL Mehl Type 00
2–3 EL Olivenöl nativ extra
Salz, Pfeffer

1. Es geht mit dem Fleisch los. Sollte es schon in Scheiben geschnitten sein, ist das in Ordnung. Ansonsten ganze Brustfilets in 4 gleich große und nicht zu dicke Scheiben schneiden.

2. Eine Zitrone halbieren und den Saft in eine kleine Schüssel auspressen; Kerne herausnehmen. Die Brustfilets mit dem Zitronensaft einpinseln und anschließend rundherum im Mehl wälzen.

3. 2–3 EL Öl in einer Pfanne erhitzen. Die Filets im heißen Öl ca. 5–6 Minuten von beiden Seiten braten.

4. Wenn das Fleisch gar ist, den Saft der anderen Zitrone in die Schüssel auspressen und ½ EL Mehl hinzugeben. Verrühren und in die Pfanne gießen. Ein paar Minuten lang weiterrühren, schon hat man ein einfaches, leichtes Zitronensößchen. Zum Schluss mit Salz und Pfeffer nach Belieben abschmecken.

Ragù di cinghiale

Hackfleischsoße mit Wildschweinfleisch

Im Landesinneren der Toskana gibt es keine Familie, die nicht wüsste, wie man Wildschwein-Ragù kocht. Es ist die klassische Soße zu Pappardelle, deswegen macht man die idealerweise auch selbst. Das Rezept ist identisch mit dem für Tagliatelle von Seite 77. Einziger Unterschied: Pappardelle sind breiter.

Zubereitung
30 Minuten

Kochzeit
1 Stunde 45 Minuten

Marinieren
1 Tag

Schwierigkeit
♦♦♦◇◇

Zutaten für 4 Portionen
2 Stangen Staudensellerie
2 Zwiebeln
2 Karotten
4 Lorbeerblätter
600 g Wildschwein
Wacholderbeeren
750 ml Rotwein (1 Flasche)
1 EL Olivenöl
Salz
500 g Tomatenfruchtfleisch

1. 1 Selleriestange, 1 Zwiebel und 1 Karotte putzen und grob in Stücke schneiden. Lorbeerblätter waschen. Das Wildschweinfleisch klein schneiden wie für Geschnetzeltes. Fleisch, Gemüse, Lorbeerblätter, Wacholderbeeren und ca. 600 ml Wein vermengen und zum Marinieren in eine Schüssel geben. Mit Frischhaltefolie abdecken.

2. Das Fleisch im Kühlschrank 18–24 Stunden marinieren, um sicherzugehen, dass der Wildgeschmack gemindert wird. Nach der erforderlichen Zeit das Fleisch abgießen.

3. Bratgemüse vorbereiten: Die restliche Selleriestange, Zwiebel und Karotte putzen und mit dem Messer fein schneiden. 1 EL Olivenöl in einer Pfanne erhitzen. Das klein geschnittene Gemüse ins heiße Öl geben und nach Belieben auch wieder ein paar Wacholderbeeren. Alles in 10 Minuten auf niedriger Stufe anbraten. Man kann 1 Glas Wasser zugießen, damit das Gemüse nicht anbrennt.

4. Nun den restlichen Rotwein zugießen und verdampfen lassen. Sofort danach das Wildschweinfleisch in die Pfanne geben. 5–10 Minuten auf mittlerer bis hoher Stufe braten. Tomatenfruchtfleisch hinzufügen, umrühren und ca. 1 Stunde und 30 Minuten köcheln lassen, bis das Fleisch zart ist. Gegen Ende der Kochzeit mit Salz abschmecken.

Natürlich glutenfrei

Dieses Rezept ist auch für Menschen ideal, die an Zöliakie leiden, denn Mandelmehl wird ausschließlich aus zerkleinerten Mandeln gewonnen und enthält folglich kein Gluten. Auch deswegen haben die Ricciarelli ihren Preis – wenn ihr günstige findet, enthalten sie Mehl, und Mehl in Ricciarelli *'un ci va* – das gehört nicht hinein!

Ricciarelli senesi

Mandelgebäck aus Siena

Der Legende nach hat ein Adliger aus der Toskana mit Namen Ricciarello della Gherardesca die Ricciarelli erfunden. Als er von einem Kreuzzug im Heiligen Land zurückkehrte, ließ er dieses Gebäck zubereiten, das ihn mit seiner spitzen Form an die Babouches, die spitzen Schuhe der Sultane aus dem Orient erinnerte. Man weiß nicht, ob die Geschichte wahr ist oder ob es Ricciarello überhaupt gegeben hat, wahrscheinlich aber stammen die Ricciarelli vom orientalischen Marzipan ab. Im 15. Jahrhundert nannte man sie Marzapanetti alla senese (kleine Marzipanbrote aus Siena) und Morzelletti (von »morselletti«: kleine Stücke, kleine Bissen), und es heißt, dass sie auch bei der Hochzeit von Gräfin Caterina Sforza gereicht wurden.

Zubereitung
1 Stunde

Schwierigkeit
2 von 5

Zutaten für 10 Ricciarelli
2 Eiweiß
400 g Mandelmehl
280 g Puderzucker
Salz
10 g Backpulver

1. Den Backofen auf 180 °C Ober-/Unterhitze (Umluft: 160 °C) vorheizen.

2. Eiweiße, Mehl, Puderzucker, 1 Prise Salz und Backpulver in eine Schüssel geben. Etwas Puderzucker aufheben; damit werden die Ricciarelli nach dem Backen bestäubt.

3. Mit einem Elektromixer alles zu einem gleichmäßigen Teig verarbeiten.

4. Den Teig aufteilen. Jede Portion mit den Händen zu einer kleinen Schlange mit ca. 3–4 cm Durchmesser formen und diese dann in etwa 5 cm lange Stücke schneiden. Jedem Stück eine ovale, leicht angedrückte Form geben.

5. Die Ricciarelli auf ein mit Backpapier ausgelegtes Blech setzen und ca. 10 Minuten backen. Die fertigen Ricciarelli zur Dekoration großzügig mit Puderzucker bestäuben.

Schiacciata con l'uva
Fladenbrot mit Weintrauben

Wir haben bei der Ernte immer Trauben beiseitegelegt, um eine schöne Schiacciata daraus zu backen, ein Fladenbrot mit Trauben, denn das gibt Energie bei der Arbeit im Weinberg und außerdem hebt es die Stimmung. Ich weiß noch, wie gut es tat, sich nach der Hälfte des Tages eine Pause zu gönnen, sich hinzusetzen und etwas Schiacciata zu essen! Die Arbeit ist leichter, wenn man sich ab und zu belohnt. Das Originalrezept bereitet man mit Canaiolo-Trauben zu, aber es geht auch jede andere blaue Traubensorte, am besten eine mit kleinen Kernen.

Zubereitung
1 Stunde und 30 Minuten

Gehzeit
3 Stunden

Backzeit
50 Minuten

Schwierigkeit
❖❖❖◇◇

Zutaten für 4 Portionen
250 g Mehl Type 00
5 g Bierhefe
2 EL Olivenöl nativ extra
Anis
300 g blaue Trauben (am besten Canaiolo)
4 EL Zucker

1. Die Hefe in 50 ml Wasser auflösen. Mehl, Öl und Anis hinzugeben und gründlich zu einem homogenen, elastischen Teig vermischen. Ca. 3 Stunden gehen lassen.
2. Den Backofen auf 180 °C Ober-/Unterhitze (Umluft: 160 °C) vorheizen.
3. Ein rechteckiges Backblech mit Backpapier auslegen und dieses bemehlen. Ungefähr ⅔ des Teigs hineinlegen. Mit den Händen ausbreiten und dehnen, bis der Teig ca. 1 cm dick ist.
4. 200 g Trauben, 2–3 EL Zucker und etwas Öl möglichst gleichmäßig auf dem Teig verteilen.
5. Den restlichen Teig auf einer bemehlten Arbeitsfläche ausbreiten, auf die Füllung legen und diese damit bedecken. Möglichst keine Löcher entstehen lassen und die Ränder fest verschließen. Die restlichen Trauben, 1 EL Zucker und noch etwas Öl darauf verteilen.
6. 50 Minuten im Ofen backen, bis die Schiacciata eine goldene Farbe hat. Vor dem Servieren abkühlen lassen.

Crostone salsiccia e stracchino

Überbackenes Weißbrot mit Wurstbrät und Käse

Das ist etwas anderes als die Snacks von heute: Früher, das waren noch Snacks! Dieses überbackene Weißbrot mit Wurstbrät und dem milden, weichen Stracchino-Käse ist in der Toskana ein sehr beliebtes Rezept, vor allem als Zwischenmahlzeit für Kinder und Jugendliche – ein einfacher und schnell zubereiteter Imbiss.

Zubereitung
20 Minuten

Schwierigkeit

Zutaten für 4 Portionen
3 italienische Würste (Salsiccia)
250 g Stracchino (Käse)
4 Scheiben Weißbrot
Salz, Pfeffer
Olivenöl nativ extra

1. Den Ofen auf 180 °C Umluft vorheizen.

2. Das Wurstbrät aus den Pellen drücken, in einer Schüssel mit dem Stracchino vermischen und zu einem gleichmäßigen Teig verarbeiten.

3. Die Brotscheiben damit bestreichen. Mit etwas Salz und Pfeffer bestreuen und mit etwas Öl benetzen. 10 Minuten im Ofen überbacken (Umluft).

Die Bäckerei

Als ich mit der Stickerei aufgehört hatte, fand ich mich in einer Situation wieder, die ich noch nie zuvor erlebt hatte: Ich war arbeitslos. Aber mein Sohn Marco und seine Frau Margherita wussten Abhilfe zu schaffen. 1991 heirateten sie und ich bekam zwei Enkelsöhne: Gabriele im Jahr 1996 und drei Jahre später Simone.

Im Laufe einiger Jahre musste ich einen Beruf erlernen, der für mich nun wirklich etwas ganz Neues war: Oma.

Margherita arbeitete im Krankenhaus und Marco als Parkettleger, daher waren beide den ganzen Tag nicht zu Hause. So kümmerte ich mich um ihre Kinder, genau wie Romolina es damals mit meinen Kindern getan hatte. Und wie meine Mutter kochte ich nun für meine Enkel. Ich glaubte, das wäre von nun an mein Leben, und es gefiel mir.

Wenn meine kleinen Nervensägen von der Schule kamen (dieselbe Schule, die ich 60 Jahre zuvor besucht hatte), kochte ich ein schönes Mittagessen für sie, dann passte ich auf, dass sie ihre Hausaufgaben machten, und behielt sie bei mir, bis ihre Eltern nach Hause kamen. Bis mir Marco eines Tages im Jahr 2006 überraschend verkündete: »Mamma, ich habe ein Grundstück gekauft.«

»Ein Grundstück? Und was soll da drauf?«

»Eine Bäckerei!«

Der neue Betrieb war in Castelfiorentino, wenige Autominuten von Montespertoli entfernt. Aber eine Bäckerei in Gang zu bringen ist nicht leicht, vor allem in einem kleinen Ort, wo alle sich kennen und ihre bewährten Läden haben, in denen sie seit Jahren einkaufen.

Der Verkauf in der Bäckerei lief nur langsam an. Ich beschloss daher, etwas zu versuchen, ohne mir viel davon zu versprechen. Eines Abends, als die Kinder gegangen waren und ich nichts zu tun hatte, bereitete ich Budini di riso zu, eine Art Milchreistörtchen, und ein paar Apfelkuchen.

Am nächsten Tag marschierte ich damit ins Geschäft und schlug Marco vor, sie zu verkaufen. Ich hielt es für eine gute Idee, etwas anderes als die üblichen Brote, Brötchen und Schiacciate im Angebot zu haben: etwas Leckeres, das nach Familie schmeckt, etwas, das man eigentlich selbst macht, aber wenn man keine Zeit hat, bekommt man es fix und fertig in der Dorfbäckerei, und es schmeckt so gut wie selbst gebacken.

Sowohl die Kuchen als auch die Budini di riso verkauften sich im Nu, und so war es auch am Tag danach und am übernächsten Tag.

In der Bäckerei gaben die Kunden sich nun die Klinke in die Hand. Bestimmt nicht weil ich so schön bin! Sondern weil die Sachen lecker waren!

Ich machte es mir zur Gewohnheit, allabendlich zwanzig Budini di riso und drei Apfelkuchen zuzubereiten, und am nächsten Tag brachte ich alles ins Geschäft. Ich arbeitete mit einem elektrischen Schneebesen, so einem normalen Haushaltsgerät. Den habe ich noch immer! Aber bald reichten Törtchen und Kuchen nicht mehr aus. Ehe ich mich's versah, arbeitete ich direkt in der Bäckerei und bereitete in Vollzeit Kuchen und Gebäck zu.

Das Leben wies mir wieder einen Weg, diesmal definitiv. Die anderen Arbeiten hatten mir gefallen, das will ich gar nicht leugnen, aber sie hatten in erster Linie für den Lebensunterhalt gedient. Kochen war etwas anderes, das liebte ich. Vielleicht war es mir vorher nie bewusst, aber jetzt, als ich nicht mehr zwangsläufig arbeiten musste, wurde es mir klar.

Zu Beginn ist auch die Bäckerei keine Entscheidung aus Leidenschaft gewesen. Marco hat das gewollt und ich hätte alles getan, um meiner Familie zu helfen, egal, an welche Art von Tätigkeit sie sich gewagt hätte. Ich unterstützte ihn, weil man das macht und basta, ich fragte mich nicht, ob mir das gefiel oder nicht. Aber es erfüllte mich, leckere Dinge herzustellen und zu sehen, dass sie gut ankamen. Ich fand allmählich Gefallen daran und nach und nach merkte ich, dass ich meinen Platz gefunden hatte. Zum ersten Mal erschien mir auch Giovannis Entscheidung, den Hühnerbetrieb zu verkaufen, in einem anderen Licht. Jetzt verstand ich zumindest teilweise, was er gemeint hatte, als er sagte, er wolle etwas anderes machen.

Zusätzlich zu Kuchen und Törtchen ging ich dazu über, auch andere Backwaren vorzuschlagen, die ich seit meinen Kindertagen zubereitete: Ricciarelli, Cantucci und mein Paradestück, die Cremetarte Tortina della Nonna – zwei Mürbeteigplatten mit einem Meer aus Creme in der Mitte. Manche Kunden begannen, spezielle Wünsche zu äußern, zum Beispiel mit Biskuit. Ich wusste nicht, wie man Biskuit backt, aber ich beschäftigte mich damit. Ich versuchte es immer wieder und zum Schluss kam ein herrlicher Biskuit heraus, sehr fein, den ich heute auch anderweitig verwende, zum Beispiel gefüllt mit Creme und Erdbeeren.

Ich habe auch das ausgetüftelt, was mein berühmter Mürbeteig werden sollte. Eine Freundin hatte mir ihr Rezept gegeben. Es war sehr lecker, aber meiner Meinung nach wurde er zu schnell hart, deswegen habe ich ein bisschen herumexperimentiert und fand schließlich die Kombination, die mir perfekt erschien: ein Mürbeteig mit dem Geschmack der Tradition, der aber länger hielt. Dann amüsierte ich mich mit Kuchen für besondere Gelegenheiten, mit der Mimosentorte für den Frauentag, und als Weihnachten kam, mit Panettone und anderen typischen Festtagskuchen. Auch heute mache ich zu den Festtagen nichts anderes als Panettone backen.

Die Kunden sangen mir Loblieder, aber das größte Kompliment war für mich, dass alles, was ich zubereitete, im Nu aus der Auslage verschwand.

Es wurde mein Part, mich um die Gebäck- und Kuchenproduktion zu kümmern. Jeden Morgen, wenn ich Gabriele und Simone zur Schule gebracht hatte (praktischerweise in Castelfiorentino), fand ich mich in der Bäckerei ein. Ich brachte sie hin, weil Marco nachts in der Bäckerei arbeitete und Margherita im Krankenhaus. Dann blieb ich in der Bäckerei und arbeitete. Ich kam mit der Energie und der Präzision in die Backstube, die mir schon immer Halt gegeben haben, und oft ging ich erst am Abend wieder. Ich bereitete alles mit der Hand zu, wie ich es auch heute noch tue, und überwachte die gesamte Verarbeitung. Mit der Frische und der Qualität der Zutaten war ich geradezu fanatisch penibel. Für mich ist dies das Geheimnis. Bis heute pflanze ich in meinem Garten Knoblauch, Basilikum und Tomaten an und lege damit im Sommer die Vorräte für die Familie an.

Man soll die Dinge mit Leidenschaft tun, der Verdienst ist völlig unwichtig!

Und unsere Leidenschaft, die sahen die Kunden. Nach kurzer Zeit brauchten wir schon Unterstützung. Nicht nur stieg die Nachfrage, sondern auch einige örtliche Supermärkte kamen auf uns zu und wollten bei sich unser Brot und unsere Schiacciate verkaufen. Schon wurde nachts gearbeitet: Brotteig vorbereiten, gehen lassen und backen und danach schließlich die Supermärkte beliefern und unsere eigene Auslage bestücken. Wir wollten, dass unsere Produkte immer frisch sind, denn die Qualität ist es, womit man sich von den anderen abhebt und die Kunden dazu bringt wiederzukommen. Und Qualität – inzwischen werdet ihr das verstanden haben – bekommt man nur auf eine Art und Weise: mit Engagement.

Meine Tochter Simona begann, in der Bäckerei zu arbeiten, und nach einer Weile kamen Gabriele und Simone hinzu, als sie die Schule abgeschlossen hatten. Wir stellten auch Mitarbeiterinnen und Mitarbeiter ein. Für mich war dies das Glück: Die Familie war vereint und arbeitete für ein gemeinsames Projekt, zu dem alle ihren Beitrag leisteten. Ich fand es schön, die Tage mit Marco und Simona zu verbringen und zu erleben, dass Gabriele und Simone Lust hatten mitzumachen. Dass sie neue Ideen zur Verbesserung des Betriebs beisteuerten, gefiel mir noch mehr.

Eines Tages schlug Marco vor, dass wir mit Streetfood loslegen sollten. Ich wusste noch nicht mal, was das war. Anscheinend waren Verkaufswagen für Panini und (allerdings hochwertiges) Essen zum Mitnehmen ein gutes Geschäft. Man sagte Food-Truck dazu. Es klang nach einer guten Idee, mit der wir unsere Produkte perfekt außerhalb der örtlichen Grenzen bekannt machen konnten. Marco, Gabriele und Simone richteten einen Lieferwagen her und begannen, auf Straßenfeste zu fahren, anfangs bei uns in der Nähe, später in ganz Italien. Ich half ihnen, alles vorzubereiten, und sie machten sich auf den Weg. Aber wir brauchten etwas, das uns von allen anderen unterschied, das sozusagen die Menschen dazu brachte, sich bei uns anzustellen und nicht beim Nachbarn. Und Marco dachte sich etwas aus, das bei uns ein Dauerbrenner wurde: das Fagotto del Chianti.

Das Fagotto del Chianti ist ein Panino mit Wurst aus unserer Herstellung. Die Basis sind Wurstbrät und Pancetta (Speck), dazu kommen einige Soßen. Falls ihr jetzt schon die Seiten durchblättert und das Rezept sucht, sage ich euch gleich: Es nicht im Buch. Die Gewürzmischung, die wir für das Fleisch verwenden, ist geheim und ich verrate sie nicht. Ich kann euch aber sagen, dass alles bei uns in der Familie hergestellt wird. Den Aufschnitt holen wir in San Quirico, ein paar Kilometer weiter, von meinem Schwager, der Wurst und Schinken herstellt. Ich hab's euch ja gesagt, oder? Frische und hochwertige Produkte zu verwenden ist für mich absolut unerlässlich, denn ich will, dass die Kunden zufrieden fortgehen.

Jedenfalls bescherte uns das Fagotto del Chianti die Warteschlange am Food-Truck, und was für eine. Es kam so weit, dass wir, die wir uns zu Anfang bei den Organisatoren von Veranstaltungen, Märkten und Straßenfesten beworben haben, nach einer Weile sogar von ihnen angefragt wurden.

In der Zwischenzeit hatten wir die Bäckerei vergrößert, besaßen effizientere Maschinen und hatten ein größeres Angebot. Teils durch Mundpropaganda, teils dank des Streetfood – die Firma Martini machte sich allmählich einen Namen in der Gegend.

Natürlich wollten das auch manche ausnutzen. Eines Tages überraschten Marco und ich einen Mitarbeiter dabei, wie er die Einnahmen stahl. Das tat mir weh. Für mich geht es bei der Bäckerei um die Familie, eine Familie, zu der auch die Mitarbeiter gehören. Wenn es etwas gibt, das mir wichtig ist, immer schon, so ist es moralische Integrität. Das ist ein Grundsatz, den die Martinis sich immer bewahrt haben, auch in den harten Kriegszeiten, als alle ums Überleben kämpften. Ich erwartete von meinen Mitarbeitern denselben Anstand und Einsatz, wie ich beides auch aufbrachte. Die Entdeckung, dass jemand dies anders sah, missfiel mir sehr. Aber ich lernte die Lektion und von da an achteten wir darauf, dass wir uns mit vertrauenswürdigen Menschen umgaben.

2014 kam eine zweite Verkaufsstelle in Montelupo Fiorentino hinzu.

Auch diesmal brauchte es ein wenig, bis die Geschäfte in Gang kamen, aber mittlerweile wussten wir, was zu tun ist und was unsere Trümpfe waren. Anders als beim ersten Mal hatten wir nicht mehr das Problem, das uns niemand kannte, denn die Bäckerei Forno Martini war inzwischen eine Marke, die Qualität der Produkte unsere Visitenkarte. Und allmählich machten wir uns auch außerhalb der regionalen Grenzen einen Namen.

Bis die Pandemie kam: geschlossene Geschäfte, die Menschen zu Hause eingesperrt, Kontaktsperre, Masken ... Mamma mia, es kam einem vor wie die Apokalypse! Die Kundschaft wurde weniger. Die Leute kamen noch zum Einkaufen, aber nicht mehr so viele wie zuvor. Ich konnte es nicht glauben. Sollte ich mich etwa noch einmal umorientieren müssen, ausgerechnet jetzt, da doch alles offenbar seinen Platz gefunden hatte?

Die Lösung kam von meinen Enkeln: »Warum eröffnen wir nicht eine Webseite für den Onlinehandel?«

»Und was soll das sein?«

»Nichts Schlimmes, Nonna. Wir bieten unsere Produkte im Internet zum Kauf an. Die Leute bestellen, was sie wollen, und wir stellen es her und schicken es ihnen. Man kann aus ganz Italien bei uns kaufen, ach was, aus der ganzen Welt.«

»Aus der ganzen Welt? Also wirklich, du Quatschkopf ...«

Ich habe mich drauf eingelassen, denn ich bin zwar beim Keksebacken unschlagbar, ich kann aber auch erkennen, wenn jemand etwas besser weiß als ich. Der Rest der Familie war einverstanden und sie hatten recht. Es gingen sehr viel mehr Aufträge ein, als ich mir vorgestellt hatte. Kannten uns wirklich so viele Leute und wollten unser Brot und unsere Kuchen?

Der Onlinehandel rettete uns nicht nur, sondern er erweiterte unseren Kundenkreis um die Menschen, die weit weg wohnten. Und zwar ziemlich weit weg, selbst im Ausland! Es kamen sogar Aufträge aus Übersee. Ich erinnere mich, dass wir Weihnachten einen Panettone nach Houston in Texas verschickten. Der Erfolg war so groß, dass wir auch nach dem Ende der Pandemie weitermachten.

Wieder einmal entstand aus etwas Schlechtem etwas Gutes.

Seht ihr, dass es immer um die Frage geht, wie man das Leben betrachtet?

Die Rezepte

Budini di riso toscani

Toskanische Milchreistörtchen

Dies sind die berühmten Budini di riso, die ich anfangs abends zu Hause zubereitete, als mein Sohn Marco mit seiner ersten Bäckerei in Castelfiorentino an den Start ging. Es heißt, das Budino di riso sei in Pistoia entstanden und hat sich dann in der gesamten Toskana verbreitet. Der Begriff »budino« hingegen, also Pudding, kommt wohl aus Florenz, aber lasst euch von den Florentiner Spaßvögeln nicht veralbern – es ist kein geleeartiger Pudding, wie wir ihn kennen, sondern ein Törtchen aus denselben Zutaten wie die Crostata. Zur Zubereitung von Budino di riso gibt es vielerlei Philosophien: Dies ist meine, ohne Mürbeteig und schneller zubereitet.

Zubereitung
30 Minuten

Backzeit
30 Minuten

Schwierigkeit
3 von 5

Zutaten für 8 Törtchen
600 ml Vollmilch
180 g Zucker
Schale von 1 Bio-Orange, abgerieben
300 g Mehl Type 00
60 g Butter
150 g Originario-Reis
Puderzucker

1. In einem großen Topf Milch, Zucker, Orangenschale, Mehl und Butter vermengen und anschließend aufsetzen.

2. Sobald die Milch kocht und die Butter geschmolzen ist, den Reis hinzugeben. Ca. 12–15 Minuten köcheln lassen; dabei gelegentlich umrühren, damit der Reis nicht am Boden ansetzt. Wird die Masse zu zäh, etwas mehr Milch hinzufügen.

3. Den Backofen auf 180 °C Ober-/Unterhitze (Umluft: 160 °C) vorheizen.

4. Wenn der Teig nicht mehr allzu flüssig ist, in einen Spritzbeutel füllen. Kuchenförmchen in einer Größe wie beispielsweise für Muffins mit Butter fetten und bemehlen. Den Teig bis zu einer Höhe von ca. 1 cm unterhalb der Kante in die Förmchen füllen.

5. Ungefähr 30 Minuten backen, bis die Törtchen an der Oberfläche eine leicht goldene Farbe angenommen haben. Sollten sie innen noch nicht ganz gar sein, kann die Backzeit verlängert werden. Mit einem Holzstäbchen die

Garprobe machen – es muss beim Einstechen trocken wieder herauskommen.

6. Beim Herauslösen der Törtchen aus den Formen eventuell ein Messer zu Hilfe nehmen und die Ränder vorsichtig ablösen.

7. Zum Schluss wird das Werk mit einem guten Schwung Puderzucker vollendet.

Ein Tropfen Vin Santo passt immer

Wenn ihr mögt, könnt ihr etwas Vin Santo (Likörwein) in den Teig geben, das macht sich immer gut. 10–20 ml sind genug, das reicht zum Aromatisieren.

Budini di riso toscani

Toskanische Milchreistörtchen

Crostata con la mia
pasta frolla
Crostata mit meinem
Mürbeteig

Crostata con la mia pasta frolla

Crostata mit meinem Mürbeteig

Also gut, ihr habt gewonnen. Ich werde euch mein Geheimrezept für Mürbeteig verraten. Sagen wir mal, es ist ein Dankeschön dafür, dass ihr dieses Buch gewählt habt. Für Mürbeteig gibt es tausend Rezepte und sie unterscheiden sich auch danach, was man mit ihm vorhat: mit Backpulver oder ohne, mit viel oder weniger Butter, mit Eiern oder ohne … Hier kommt das Grundrezept, das ich nach unzähligen Versuchen und Verbesserungen ausgetüftelt habe, ausgehend von dem Rezept, das meine Freundin mir vor vielen Jahren gab. Seither ist der Mürbeteig mein Bravourstück. Er hat für mich auch einen emotionalen Wert. Ich gebe ja grundsätzlich in alles Liebe hinein, in diesen Mürbeteig aber noch mehr.

Zubereitung
1 Stunde

Ruhezeit
1 Stunde

Backzeit
20 Minuten

Schwierigkeit
3 von 5

Zutaten für eine runde Tarteform, ca. ø 24 cm

2 Eier (unbedingt ganz frisch!)
230 g Butter
Salz
140 g Puderzucker
400 g Mehl Type 00
Schale von 1 Bio-Orange, abgerieben
2 g Backpulver
Marmelade oder Konfitüre nach Belieben

1. Die Eier in ein Gefäß aufschlagen. Butter in Flöckchen zerkleinern und mit 1 Prise Salz, Puderzucker, Mehl, Orangenschale und Backpulver hinzugeben. Alles zu einem gleichmäßigen Teig verarbeiten und diesen (mit Frischhaltefolie abgedeckt) ca. 1 Stunde im Kühlschrank ruhen lassen.

2. Nach dieser Zeit den Backofen auf 180 °C Ober-/Unterhitze (Umluft: 160 °C) vorheizen.

3. Nun ⅔ des Teigs in der Tarteform ausbreiten und einen Boden sowie einen 2–3 cm hohen Rand bilden. Der Boden müsste etwa 0,5 cm dick sein; er sollte nicht zu hoch werden, denn dann bleibt er im Kern roh.

4. Die Marmelade auf dem Boden verteilen.

5. Für die Zierstreifen den restlichen Teig in Stücke schneiden und diese zu Streifen rollen, die so lang sind wie der Durchmesser der Crostata. Die Streifen nach Belieben auf der Crostata anordnen – mir gefällt es, wenn es viele sind, auch wenn es aufwendiger ist.

6. Den Kuchen ca. 20 Minuten backen.

Hier geb ich ihn euch, den Mürbeteig!

Alle fragen mich nach dem Geheimnis meines Mürbeteigs, aber ich sage immer: Da gibt es nur eins, und zwar die Eier – sie müssen auf jeden Fall frisch sein und dürfen keinesfalls aus industrieller Tierhaltung stammen.
Dieses Rezept kann man auch für andere Kuchen auf Mürbeteigbasis verwenden. Man muss lediglich eine Zutat hinzufügen: die Fantasie.

Crespelle alla fiorentina
Florentinische Pfannkuchen

Die Crespelle bekommen beim Backen ihr typisch faltiges Aussehen; früher nannten die toskanischen Bauern sie »Pezzole«, so hießen die Tücher, die die Frauen auf dem Kopf trugen. Und die Béchamelsoße, die es dazu gab, nannte man »Salsa colla«, was in etwa Leim-Soße bedeutet. Die leidenschaftliche Köchin Caterina de' Medici war es dann, die die Pfannkuchen nach Frankreich brachte, als sie König Heinrich II. d'Orléans heiratete. Aus der Begegnung zwischen florentinischer und französischer Küche gingen schließlich die Crêpes hervor.

Zubereitung
45 Minuten

Ruhezeit
1 Stunde

Backzeit
15 Minuten

Schwierigkeit
2 von 5

Zutaten für 4 Portionen
120 g Mehl Type 00
3 Eier
50 g Butter
200 ml Vollmilch
Salz
350 g frischer Spinat
200 g Ricotta
50 g Parmesan, gerieben + etwas mehr zum Bestreuen
400 g Béchamelsoße
100 g Tomatensoße

1. Mehl, 2 Eier, Butter, Milch und 1 Prise Salz in dieser Reihenfolge in eine Schüssel geben und dabei gründlich und stetig nach Hinzugeben jeder neuen Zutat vermengen. Wenn der Teig flüssig und glatt ist, ca. 1 Stunde im Kühlschrank ruhen lassen.

2. Eine beschichtete Pfanne (Durchmesser 18–20 cm) erhitzen; den Pfannenboden mit einem Scheibchen Butter fetten, damit der Teig nicht ansetzt. 2–3 Servierlöffel der Masse in die heiße Pfanne geben und von jeder Seite ca. 1,5 Minuten backen. Die fertigen Crespelle nach und nach zum Abkühlen beiseitestellen.

3. Nun wird die Füllung zubereitet. Spinat waschen. Leicht gesalzenes Wasser zum Kochen bringen und den Spinat ca. 5 Minuten kochen. Abgießen, gründlich ausdrücken und mit einem Küchentuch trocknen.

4. Den Backofen auf 180 °C Ober-/Unterhitze (Umluft: 160 °C) vorheizen.

5. Den Spinat fein hacken und in eine Schüssel geben. Das letzte Ei, Ricotta und Parmesan hinzufügen. Alles einige Minuten vermischen, bis eine homogene Masse entstanden ist.

6. Auf jede Crespella ungefähr 1 EL der fertigen Füllung geben und die Crespella aufrollen.

7. Etwa die Hälfte der Béchamelsoße in eine feuerfeste Form geben und auf dem gesamten Boden der Form verteilen. Die Crespelle nebeneinander hineinlegen. Mit der anderen Hälfte der Béchamelsoße und der Tomatensoße übergießen und mit geriebenem Parmesan bestreuen.

8. 15 Minuten im Ofen überbacken.

Involtini di pollo alla pancetta

Hähnchenrouladen mit Pancetta

Wenn meine Enkel kein Fleisch essen wollten, trickste ich sie ab und zu mit Involtini aus und überzeugte sie im Handumdrehen! Pancetta und Käse machen alles appetitlicher und Kinder lieben es, wenn Käse Fäden zieht. Dieses Rezept lässt sich vielfältig variieren, zum Beispiel mit Spinat (ein Trick für Gemüse-Muffel), Mortadella, Speck … probiert aus, welche Versionen bei euren Kindern den größten Erfolg haben. Für Erwachsene lassen sich die Rouladen auch mit einem Schuss Wein zubereiten.

Zubereitung
35 Minuten

Schwierigkeit
1 von 5

Zutaten für 4 Portionen
650 g Hähnchenbrust, in Scheiben
150 g Käse, in Scheiben
200 g Pancetta, in Scheiben
4 Salbeiblätter
2 EL Olivenöl nativ extra
½ Glas Weißwein (optional)
Salz, Pfeffer

1. Mit einem Fleischklopfer das Fleisch auf einem Schneidebrett oder einer Arbeitsfläche weich klopfen. Wer keinen Fleischklopfer besitzt, kann das Fleisch mit Backpapier bedecken und mit der flachen Hand draufschlagen.

2. Die Fleischscheiben auf einer Arbeitsfläche ausbreiten und mit je 1 Scheibe Käse und 1 Scheibe Pancetta belegen. Zu Rouladen aufrollen, ein Salbeiblatt darauflegen und das Ganze mit 1 oder 2 Zahnstochern zusammenhalten, damit die Roulade nicht aufgeht.

3. In einer Pfanne etwas Öl erhitzen (ca. 2 EL) und die Involtini hineinlegen. Auf mittlerer Stufe 5 Minuten braten. Sobald das Fleisch eine goldene Farbe hat, den Wein zugießen und verdunsten lassen. Hitze verringern und weitere 10 Minuten kochen. Am Ende der Kochzeit mit Salz und Pfeffer abschmecken.

Mantovana alle mandorle
Mandelkuchen

Es gibt verschiedene Legenden zum Ursprung des Mandelkuchens Mantovana: Die einen sagen, ein Bürger aus Prato habe ihn von zwei Nonnen aus Mantua (Mantova) geschenkt bekommen, die auf dem Pilgerweg nach Rom waren und sich damit für seine Gastfreundschaft bedankten. Andere behaupten, Isabella d'Este als zukünftige Marquise von Mantua hätte ihn an den Hof der Medici gebracht. Was man sicher weiß: Die Mantovana ist trotz ihres Namens ein für Prato typischer Kuchen. Als ein Kunde in der Bäckerei zum ersten Mal eine Mantovana bei mir bestellte, wusste ich zugegebenermaßen nicht, was das ist. Ich habe mich sofort informiert und hier kommt nun das Rezept, das ich aus mehreren Quellen erstellt habe.

Zubereitung
20 Minuten

Backzeit
30 Minuten

Schwierigkeit

Zutaten für eine runde Form mit ø 18 cm

120 g Butter
1 Ei und 2 Eigelb
150 g Zucker
130 g Mehl Type 00
5 g Backpulver
Schale von 1 Bio-Zitrone, abgerieben
50 g gehackte Mandeln
Puderzucker

1. Den Backofen auf 170 °C Umluft vorheizen.
2. Die Butter in einem kleinen Topf auf niedriger Stufe schmelzen.
3. In einer Schüssel 1 Ei, 2 Eigelbe und Zucker zu einer leichten, schaumigen Masser verquirlen. Mehl, Backpulver und abgeriebene Zitronenschale sowie ⅓ der Mandeln hinzugeben und einige Minuten lang weiterrühren.
4. Zum Schluss die geschmolzene Butter zugießen und wiederum vermischen.
5. Eine Tarteform mit ca. 18 cm Durchmesser einfetten und den Teig hineingießen. Die restlichen Mandeln auf der Oberfläche verteilen und 30 Minuten backen. Den fertigen Kuchen nach Belieben mit Puderzucker bestreuen.

Ovino col pane
Gebratene Eier mit Weißbrot

Als ich Vollzeit-Oma war, zählten gebratene Eier mit Weißbrot zu den Lieblingssnacks meiner Enkel. Es ist einfach und geht schnell: Brot und Ei, ab in die Pfanne. Simone und Gabriele waren ganz verrückt danach und verputzten es, während sie im Fernsehen Zeichentrickfilme schauten. Mit diesem Rezept kann man außerdem perfekt altes Brot vom Vortag aufbrauchen.

Zubereitung
15 Minuten

Schwierigkeit
◆◇◇◇◇

Zutaten für 4 Portionen
Olivenöl nativ extra
4 Scheiben Weißbrot
4 Eier
Salz

1. Etwas Öl in eine Pfanne geben, erhitzen und die Brotscheiben ins heiße Öl legen.

2. Die Eier aufschlagen und Eigelb und Eiweiß trennen. Eiweiß über die Brotscheiben gießen und sobald es weiß wird, die Brotscheiben wenden. Nun Eigelb hinzugeben und kaputtmachen, und zwar so, dass es sich zu beiden Seiten der Brotscheiben ausbreitet.

3. Etwas Salz darüberstreuen. Noch ein paar Minuten in der Pfanne lassen, dann servieren.

Panino al lampredotto in salsa verde

Labmagen mit grüner Soße im Brötchen

Eins der Panini, das an unserem Food-Truck mit am besten geht, ist mit Labmagen gefüllt, Panino al lampredotto. Es ist ein Klassiker der florentinischen Küche. Anscheinend sind die Leute alle speziell auf meine grüne Soße ganz versessen, die auch hervorragend zu unserem Fagotto di Chianti passt. Im Grunde kann man das Panino al lampredotto mit jeder Soße kombinieren, die einem dazu schmeckt. In Florenz gibt man zur grünen Soße üblicherweise noch etwas Schärfe hinzu.

Zubereitung
30 Minuten

Kochzeit
2 Stunden 30 Minuten

Schwierigkeit
◆◇◇◇◇

Zutaten pro Panino

FÜR DAS GEFÜLLTE BRÖTCHEN:
- 1 Karotte
- 1 Stange Staudensellerie
- Salz
- 220 g Labmagen vom Rind (Lampredotto)
- 1 rundes Brötchen mit Rosenmuster

FÜR DIE GRÜNE SOSSE:
- 60 g Petersilie
- 1 Knoblauchzehe
- 1 EL Kapern
- 2 Sardellenfilets in Öl
- 1 Eigelb, gekocht
- Salz, Pfeffer
- Olivenöl nativ extra

1. Karotte und Sellerie waschen und in Scheiben schneiden. In einen Topf mit Wasser geben und zum Kochen bringen. Salzen und ca. 30 Minuten kochen. Dann den Labmagen hinzufügen, der seinerseits ca. 2,5 Stunden kochen muss.

2. In der Zwischenzeit die grüne Soße zubereiten: Petersilie hacken, Knoblauch abziehen und mit Kapern und Sardellen ebenfalls hacken. Sobald eine homogene Masse entstanden ist, diese zur Petersilie geben. Das Eigelb zur Petersilienmasse geben. Einige Minuten vermengen. 1 Prise Salz, 1 Prise Pfeffer und so viel Öl hinzugeben, bis eine dicke Soße entstanden ist.

3. Den fertig gekochten Labmagen abgießen, das Kochwasser aber nicht entsorgen, und den Labmagen in feine Streifen schneiden.

4. Das Brötchen halbieren, etwas vom Innenleben herausnehmen, damit mehr Füllung hineinpasst. Das Brötchen mit Kochwasser benetzen, mit geschnittenem Labmagen belegen, grüne Soße daraufgeben und die Oberhälfte auflegen.

Fragt in der Metzgerei

Im Unterschied zu Kutteln, die man aus mehreren Teilen des Rindermagens macht, handelt es sich beim Lampredotto um einen bestimmten Magen, nämlich den vierten, den Labmagen. Er ist dunkler und schmeckt etwas kräftiger als Kutteln. Vergesst nicht, in der Metzgerei zu sagen, dass ihr den Labmagen wollt. Für dieses Rezept sind Kutteln nicht geeignet.

Spaghetti alle polpette della nonna

Spaghetti mit Nonnas Fleischklößchen

Dieses Mal gebe ich euch zwei Rezepte in einem: Das für meine legendären Fleischklößchen und das für Spaghetti mit Fleischklößchen, die ich immer für meine Enkel gekocht habe. Spaghetti sind eine schlaue Lösung für alle, die Kinder haben, denn es ist ein Gericht, das alles vereint. Oft mögen sie lieber Pasta und essen ungern Fleisch. So könnt ihr ihnen mit einem Streich eine vollständige Mahlzeit verabreichen und sie dann fortspringen lassen zum Spielen.

Zubereitung
45 Minuten

Schwierigkeit
◆◆◇◇◇

Zutaten für 4 Portionen

FÜR DIE FLEISCHKLÖSSCHEN:
220 g Rinderhackfleisch
120 g Wurstbrät (etwa 1 italienische Salsiccia)
1 Ei
40 g Parmesan, gerieben
30 g Semmelbrösel
1 Prise getrockneter Oregano
Petersilie
Salz, Pfeffer
Olivenöl nativ extra

FÜR DIE PASTA:
200 g passierte Tomaten
Olivenöl nativ extra
Basilikum nach Belieben
Salz
Petersilie, gehackt, nach Belieben
400 g Spaghetti

1. Für die Klößchen Hackfleisch, Wurstbrät, Ei, Parmesan, Semmelbrösel, Oregano, Petersilie, Salz und Pfeffer in eine Schüssel geben. Vermengen, bis eine homogene Masse daraus geworden ist.

2. Aus dieser Masse mit den Händen 4–5 cm große Klößchen formen.

3. In eine Pfanne etwas Öl auf niedriger Stufe aufsetzen. Sobald es heiß ist, die Klößchen hineingeben und einige Minuten braten, bis sie außen gebräunt und innen gar sind.

4. Nun geht es mit der Soße weiter. Die passierten Tomaten mit etwas Öl, dem Basilikum und 1 Prise Salz in einen Topf geben. Fleischklößchen dazugeben und auf niedriger Stufe

ca. 5 Minuten köcheln lassen; dabei die gehackte Petersilie hinzufügen.

5. In der Zwischenzeit die Pasta in Salzwasser kochen. Die fertigen Spaghetti zu Soße und Fleischklößchen geben, umrühren und servieren.

Torta mimosa

Cremetorte Mimosa

In Italien werden Frauen am 8. März traditionell mit Mimosen beschenkt und ich mache mich alljährlich daran, meine Torta mimosa in stattlicher Anzahl zu backen. Ich beschenke mich damit selbst, denn ich bin ganz versessen darauf, und ich mache all den Kundinnen ein Geschenk, die sie mögen. Wenn man Frauen an diesem Tag Mimosen schenkt, können es doch genauso gut welche aus Creme und Biskuit sein! Ich mochte schon immer lieber Süßigkeiten als Blumen …

Zubereitung
1 Stunde

Backzeit
20–25 Minuten

Schwierigkeit
4 von 5

Zutaten für 4 Portionen

FÜR DEN BISKUIT:
5 Eier
180 g Zucker
Butter
220 g Mehl Type 00
50 g Kartoffelstärke
Salz

FÜR DIE CREME:
250 ml Vollmilch
Schale von 1 Bio-Zitrone
70 g Zucker
20 g Reisstärke
3 Eigelb

1. Den Backofen auf 170 °C Ober-/Unterhitze (Umluft: 150 °C) vorheizen.
2. Für den Biskuit Eier und Zucker 10 Minuten mit dem Elektromixer oder ca. 15 Minuten mit der Hand aufschlagen. Währenddessen nach und nach Butter, Mehl, Stärke und 1 Prise Salz hinzugeben und alles zu einem cremigen Teig ohne Klümpchen verarbeiten.
3. Den Teig auf ein Backblech gießen und gut verteilen. 20–25 Minuten backen. Herausnehmen und abkühlen lassen.
4. Milch und Zitronenschale für die Creme in einem kleinen Topf zum Kochen bringen. Nach ein paar Minuten die Zitronenschale, die die Milch aromatisiert hat, entfernen.
5. In einem Extragefäß Zucker und Reisstärke vermischen und anschließend die 3 Eigelbe hinzugeben. Wenn alles gut miteinander vermischt ist, die Masse in die kochende Milch geben. Wiederum rühren, dann rund 20 Minuten ruhen lassen.
6. Nun aus dem Biskuitteig einen Kreis ausschneiden, entweder (falls vorhanden) mithilfe einer runden Form oder aber von Hand mit einem Messer.

7. Die Biskuitscheibe waagerecht durchschneiden und die Oberhälfte abnehmen. Auf die Unterhälfte Creme in einer ungefähr 0,5 cm dicken Schicht auftragen. Die Oberhälfte auflegen und mit einer weiteren Schicht Creme bestreichen.

8. Damit der Kuchen wie eine Mimose aussieht, am Schluss einen Teil des übrig gebliebenen Biskuits in kleine, 1 cm große Würfel schneiden und auf der Torte verteilen.

Tortino di mele
Apfelkuchen

Mein Apfelkuchen, an dem hänge ich, denn zusammen mit den Budini di riso ist das der Kuchen, mit dem dieses Abenteuer begann. Seit ich jeden Abend drei Stück davon gebacken habe, um sie in Marcos frisch eröffnete Bäckerei zu bringen, habe ich nicht damit aufgehört, und er verkauft sich nach wie vor wie der Teufel. Mittlerweile fällt es mir sogar schon schwer zu sagen, wie ich ihn backe, denn die Hände machen alles von alleine.

Zubereitung
15 Minuten

Backzeit
40 Minuten

Schwierigkeit
2 von 5

Zutaten für 4 Portionen
2 Äpfel
250 g Zucker
3 Eier
150 g Butter
8 g Backpulver
350 g Mehl Type 00
Salz

1. Den Backofen auf 180 °C Ober-/Unterhitze (Umluft: 160 °C) vorheizen.
2. Einen Apfel schälen, Stiel und Kernhaus entfernen und den Apfel klein schneiden.
3. Die Eier mit dem Zucker in eine Schüssel geben. Mit einem Elektromixer den Teig anrühren. Die Eier (mit dem Zucker) aufschlagen, dann die Butter hinzugeben und vermischen. Unter stetigem Rühren Backpulver sowie nach und nach das Mehl hinzugeben. Zuletzt schließlich die Apfelstückchen und 1 Prise Salz.
4. Den Teig in eine kleine gebutterte Backform füllen.
5. Den anderen Apfel putzen, schälen und in recht feine Scheiben schneiden. Die Scheiben auf dem Kuchen anordnen.
6. Den Kuchen 30–40 Minuten backen. Den fertigen Kuchen aus der Form nehmen und abkühlen lassen.

Tortina della nonna con crema pasticciera

Nonnas Cremetarte

Und hier ist es, mein Paradestück! Seit ich Nonnas Cremetartes kreiert habe, die Tortine della nonna, gehen sie wie geschnitten Brot – so gut, dass sie mein Markenzeichen geworden sind. Mittlerweile lasse ich der Fantasie freien Lauf und fülle sie auf vielerlei Art und Weise, zum Beispiel mit Pistaziencreme (Rezept siehe Seite 164), aber die Original-Tarte ist mit Konditorcreme gefüllt. Was soll's, bei dieser Gelegenheit bringe ich euch die auch noch bei, los geht's!

Zubereitung
40 Minuten

Backzeit
45 Minuten

Ruhezeit
1 Stunde

Abkühlzeit
5 Stunden

Schwierigkeit
❖❖❖❖❖

Zutaten für eine Tortina mit ø 15 cm

FÜR DEN MÜRBETEIG:
160 g Butter
Schale von 1 Bio-Zitrone, abgerieben
100 g Zucker
2 Eier
300 g Mehl Type 00
2 g Backpulver

FÜR DIE KONDITORCREME:
4 Eigelb
80 g Zucker
20 g Reisstärke
300 ml Vollmilch
Schale von 1 Zitrone, in Zesten geschnitten

FÜR DIE VERZIERUNG:
Mandeln oder Pinienkerne
Puderzucker

1. Mit dem Mürbeteig geht es los. Butter, abgeriebene Zitronenschale, Zucker und Eier in eine Schüssel geben und gründlich vermengen; Klümpchen gegebenenfalls wegarbeiten. Zum Schluss Mehl und Backpulver hinzufügen. Wenn der Teig eine gewisse Konsistenz bekommt, das Ganze auf eine bemehlte Arbeitsfläche befördern und ein paar Minuten lang mit den Händen weiterkneten. Die Arbeitsfläche zwischendurch bemehlen. Den Teig wieder in die Schüssel legen, mit Frischhaltefolie abdecken und ca. 1 Stunde im Kühlschrank ruhen lassen.

2. Die Konditorcreme zubereiten: Dafür Eigelbe, Zucker und Reisstärke in einen kleinen Topf geben und gut verrühren. Die Milch mit der Zitronenschale zum Kochen bringen, dann die Zitronenschale entfernen und die Milch zur Eigelbmasse gießen. Wiederum gut vermischen und 20 Minuten ruhen lassen.

3. Nach einer Stunde den Backofen auf 170 °C Ober-/Unterhitze (Umluft: 150 °C) vorheizen. Den Teig herausnehmen und auf einer bemehlten Fläche mit der Teigrolle ausrollen, und zwar etwa 2 mm dick. Eine Tarteform mit ca. 15 cm Durchmesser mit Butter einfetten und mit der Hälfte des Teigs komplett auskleiden; dabei soll die Dicke des Bodens möglichst gleichmäßig sein.

4. Die Tarte mit der Konditorcreme füllen, also die Creme gleichmäßig auf dem Mürbeteigboden verteilen. Mit dem restlichen Mürbeteig bedecken. Die Ränder leicht andrücken, damit so wenig Luft wie nur möglich im Innern bleibt. Man kann den Teigdeckel auch mit einer Gabel einstechen.

5. Die Tarte nach Belieben mit Mandeln bestreuen und nun 45 Minuten im Ofen backen. Die fertige Tarte kann man mit Puderzucker bedecken. Vor dem Servieren 4–5 Stunden abkühlen lassen.

Tortina della nonna con crema pasticciera

Nonnas Cremetarte

Die Social-Media-Queen

Im Jahr 2022 entschied sich Marco zum Kauf eines Grundstücks, das mir riesig erschien, ich verlief mich ja dort. Er wollte unsere operative Basis daraus machen, mit Maschinen, Lager, Backstube und Büros. Als sie fertig war, kam ich mir vor wie auf dem Rummelplatz: all diese modernen Gerätschaften, die Teigrührmaschinen, die mechanisierten Öfen ...

Seitdem bleibe ich ab und zu, wenn ich mich einen Moment ausruhen möchte, vor einem Ofen stehen. Ich sehe die Rotationswagen voller Kekse ihre Kreise ziehen und bin wie verzaubert. Ich kontrolliere den Backvorgang, auch wenn ich ganz genau weiß, dass das keinen Zweck hat, denn mittlerweile ist alles computergesteuert und der Ofen ist so programmiert, dass er zum richtigen Zeitpunkt aufhört. Die Familie weiß, dass ich dort bin, wenn man mich sonst nirgendwo sieht: Das ist mein Lieblingsplatz. Was soll ich machen? Es berührt mich.

Es ist ein wohliges Gefühl, meine Werke zu betrachten und sie wachsen zu sehen.

Ende 2022 hatte mein Enkel Gabriele die Schnapsidee, mit dem Handy hinter mir herzulaufen, mich ein bisschen zu piesacken und alles zu filmen, was ich sagte und tat. An seine allererste Aufnahme erinnere ich mich genau: Er kam mit einem riesengroßen Tattoo nach Hause – den ganzen Arm nahm es ein! – und fragte mich, was ich davon hielt. Währenddessen filmte er meine Reaktion.

Ich war sauer. Ich sagte ihm, er sehe aus wie der Rapper Fedez, das Tattoo gefiele mir nicht und er hätte eine Dummheit begangen, sich den Arm schwarz machen zu lassen, denn das ginge nie mehr weg und außerdem würden dabei Substanzen unter die Haut gespritzt, die ihm schaden. Er lachte und ärgerte mich: »Aber na klar geht das weg, nimm ein Radiergummi, versuch's mal!« Und ich ärgerte mich noch mehr: »Kommst du etwa nur deswegen hierher, kommst und fragst mich, wie es mir geht?« So machten wir mehrere Tage weiter.

Schließlich fragte Gabriele, ob er das Video auf TikTok veröffentlichen dürfte, zum Spaß. Ich habe Ja gesagt, aber ich wusste nicht, wovon er da spricht. Dann aber habe ich es verstanden. Innerhalb kurzer Zeit schauten unheimlich viele Menschen es an, vor allem Freunde und Bekannte, und alle sagten, ich brächte sie ganz furchtbar zum Lachen und ich wäre »super«, weil ich so klug bin und so taff für mein Alter. Gabriele zeigte mir die Kommentare. Mir fiel dazu als Erstes ein:

»Haben die denn nichts anderes zu tun, als einem Dummkopf wie mir zuzuschauen?«

Eines Tages im August 2022 kam Gabriele zu mir und sagte: »Nonna, Bake Off Italia hat uns angerufen!«

»Wer hat uns angerufen?«

»Nonna, das Fernsehen! Sie wollen, dass wir bei einer Konditorei-Sendung mitmachen.«

»Diese Dussel, wir sind doch keine Konditoren!«

Letztlich hat er mich überzeugt. Herausgeputzt und in feinem Zwirn machten wir uns auf den Weg, ich, Marco und Gabriele. Die Aufnahmen fanden in der Villa Borromeo in Arcore statt. Statt eines Koffers hatte ich einen Hackenporsche mit.

Ich kann gar nicht sagen, wie sehr es mich beeindruckte, als ich ein Fernsehstudio betrat, ich, die ich als junges Mädchen in der Bar von Montespertoli Fernsehen geschaut hatte, im Zickzackkurs zwischen den Köpfen der anderen hindurch und mit sehr viel Fantasie. Rings um uns herum waren Kameras, Fotoapparate und Mikrofone auf Ständern, eine Menge Leute waren da und ein Herr, der uns sagte, was wir tun sollten, wo wir uns hinstellen sollten, damit man uns gut aufnehmen konnte ... Ich empfand eine gewisse Genugtuung: In diesem Studio waren Menschen, denen gefiel, was wir taten, die dem Wert beimaßen, und sie machten eine Sendung für ein Publikum, das derselben Meinung war. Sie haben mich nicht genervt, im Gegenteil, vielleicht habe ich sie genervt, denn ab und zu sagten sie mir, ich solle still stehen bleiben. Aber ich war noch nie im Fernsehen gewesen, ich musste erst noch verstehen, wie das funktioniert. Als ich das Studio betrat, war mein erster Gedanke sogar: »Mamma mia, ist das warm hier!« Man kam um vor Hitze, aber ich habe mir die ganze Zeit über gesagt: »Halte durch!«

Die Sendung hieß *Bake Off Italia – The Professionals.*

Sie haben uns die anderen Kandidaten, die Moderatorin Benedetta Parodi und die Jurymitglieder vorgestellt, alles sehr namhafte Konditoren: Ernst Knam, Tommaso Foglia und Damiano Carrara. Es ging um den Titel der besten Konditorenfamilie Italiens und die Teilnahme an einer Konditor-Masterclass. Die anderen Familien waren stark, das kann man nicht anders sagen: Sie waren alle seit mehreren Generationen auf die Konditorei spezialisiert. Wir schieden am Ende der ersten Runde aus. Ich war sehr geknickt, aber ich hatte von Anfang an gesagt, dass diese Sendung nichts für uns war.

Carrara hat mir zum Schluss zu meinem Mürbeteig gratuliert und wollte unter allen Umständen das Rezept haben.

»Das Geheimnis sind die frischen Eier«, habe ich geantwortet und weiter nichts hinzugefügt. Seine Wertschätzung war mir ein Trost; das reichte mir.

Es war aber insgesamt eine positive Erfahrung. Wir haben tüchtige Menschen kennengelernt, vor allem war aber *Bake Off* der Anfang von allem, was später kam. Ich gefiel den Leuten wohl so sehr, dass Gabriele im Dezember ein Profil nur für mich anlegte, zuerst auf TikTok und dann auch auf Instagram. Jeden Tag erhielt ich eine Flut von Nachrichten. Alle sagten, ich wäre sympathisch, eine Naturgewalt, so echt, und ich hätte mehr auf dem Kasten als viele Leute, die jünger und besser ausgebildet sind als ich. Und außerdem gefielen ihnen meine Rezepte – eben die, die ich ein Leben lang zubereitet hatte: Cantucci, Ricciarelli, Kekse für die Kleinen, die gebratenen Eier mit Weißbrot, die ich meinen Enkeln immer gemacht habe, als sie klein waren …

Innerhalb von etwa 20 Tagen hatte ich 100 000 Follower auf Instagram und fast 230 000 auf TikTok.

»Also, jetzt seid ihr aber wirklich albern!«, antwortete ich, als sie mir diese Zahlen zeigten. Überflüssig zu sagen – mit diesem Ausruf machte Gabriele einen Post.

Er fing an, mich tagtäglich mit diesen Videos zu nerven. Wo ich mich auch immer herumtrieb, er fand mich. Er forderte mich auf, von mir zu erzählen, ihm zu zeigen, was ich gerade zubereitete, und schließlich sogar, meine Rezepte zu verraten. Ich glaube, es geht los! Da habe ich immer Nein gesagt. Und er nahm mich unbeirrt auf, während ich die Öfen betrachtete, beim Teigkneten …

Er hat mich sogar erwischt, wie ich bei der Zubereitung von Keksen ein bisschen Zucker naschte. So was – kann ich mir denn in meinem Alter noch nicht mal in Frieden eine kleine Sünde genehmigen?

Am Anfang habe ich mich aufgeregt und war hässlich zu ihm: Ich hätte etwas anderes zu tun. Und er auch, warum verplemperte er Zeit mit dem Telefon in der Hand, anstatt zu helfen? Wusste er nicht, dass wir eine Riesenmenge Aufträge abzuarbeiten hatten? Aber dann wurden diese Videos eine Art Running Gag zwischen uns, er, der mich ärgert, und ich, die ihm antworte, er solle sich verziehen. So waren wir immer, er und ich. Das ist unsere Art, uns zu sagen, dass wir uns lieb haben.

Nach Real Time kamen andere Sender: RAI, Mediaset, Tv2000 ... Alle wollten mich interviewen. Immer häufiger kamen Fans in die Bäckerei, die mich kennenlernen wollten. Unterdessen wurde ich auch im Ausland in den sozialen Netzwerken populär, vor allem in Südamerika, wo man meine Rezepte mag. Viele erkennen mich mittlerweile und halten mich auf der Straße an: »Oh, Sie sind die Nonna aus TikTok! Wissen Sie, dass ich Ihnen folge? Ich bewundere Sie sehr!«

Vor einer Weile kam auf einer Branchenmesse ein schöner junger Mann mit himmelblauen Augen auf mich zu: Luca Montersino, der Konditor aus dem Fernsehen. Er hat mir die Hand gegeben und mir seine Familie vorgestellt. Er sagte, er sei ein Follower von mir. Ich wusste nicht, was ich antworten sollte.

Ich wurde auch als »Eccellenza Italiana 2023« ausgezeichnet – ein Preis für Menschen, die sich in herausragender Weise für italienische Kultur verdient machen; in meinem Fall war es die Verbreitung von Rezepten aus der Toskana im ganzen Land und darüber hinaus mit meinen schlichten und unverfälschten Videos in den sozialen Netzwerken – und später vom italienischen Profi-Kochverband Associazione Italiana Cuochi. Auf deren Urkunde steht: »Für Ihr Mitwirken an der Verbreitung der guten italienischen Küche in der Welt«. Einerseits hat mich das berührt: eine Anerkennung nicht nur für meine Kuchen, sondern für meine Küche.

Andererseits fragte ich mich: »Warum bekommt eine 82-jährige alte Schachtel, die arbeitet wie ein Pferd, einen Preis?« Aber vielleicht ist gerade die Arbeit das, was ausgezeichnet wird ...

Seit einer Weile bin ich sogar eine eingetragene Marke mit eigenem Logo. Es zeigt mich stilisiert mit einer Teigrolle in der Hand.

Also gut, ich spreche es aus: Dies alles macht mich glücklich, auch wenn ich bei jedem Video, bei jedem Kommentar in den Netzwerken, bei jedem Foto, das ich mit meinem Publikum mache, ein bisschen gerührt und ein bisschen überrascht bin. Bis heute frage ich mich: »Womit habe ich dies alles verdient?« Und ich habe es ja auch nicht etwa alleine getan. Es ist ein Mannschaftsspiel, bei dem jeder seinen Part hat und alle sich größtmöglich anstrengen: meine Familie und unsere Mitarbeiterinnen und Mitarbeiter, die für mich auch zur Familie gehören. Und sogar Giovanni, der oft kommt und uns hilft.

MENZ&
GASSER
1935
La competenza che semplifica la vita

Ich sage immer, nach »Liebe« und »Leidenschaft« lautet das dritte Wort bei dieser Arbeit »Opfer«. Man weiß, wann man die Bäckerei betritt, aber man weiß nicht, wann man sie verlässt. Man kann 12, 16 auch 18 Stunden dort sein. Wisst ihr, wie viele Abendessen, Mittagessen und Geburtstagsfeiern ich im Laufe der Zeit habe sausen lassen müssen?

Mit über 80 Jahren habe ich nie einen Arbeitstag versäumt. Und den Herrgott bitte ich immer: »Lass mich arbeiten, solange ich lebe.«

Viele Leute sagen mir, ich sei ein Vorbild für die Jugend. Manchmal ist es schwierig, den neuen Generationen dieses Konzept zu vermitteln, aber wenn man sich nicht engagiert, erreicht man mein Alter und hat nichts in der Hand, weder eine Arbeit noch eine Ausbildung. Denn wenn man in der Jugend nicht sät, erntet man nichts. Heute suchen die jungen Leute den Profit, aber was wirklich zählt, ist, mit sich im Reinen und glücklich zu sein. Engagiert euch und mit der Zeit – nur mit der Zeit – wird sich auch Erfüllung einstellen und dann werdet ihr denken, dass sich die Mühe gelohnt hat. Wie ich meinen Enkeln immer sage: Vergesst nicht, das Paradies ist nicht für Dummköpfe da!

Heute besteht meine Erfüllung darin, von Kunden und von meinen Followern und vor allem von den Menschen, die mir am Herzen liegen, gesagt zu bekommen, ich hätte etwas Gutes getan. Das reicht, um mich glücklich zu machen. Ich habe diesen Erfolg nicht erwartet, nicht gesucht und ich weiß nicht, wie lange er anhält, aber das interessiert mich nicht. Wenn ich morgens um sechs aufstehe, habe ich nur einen Gedanken: in die Bäckerei zu gehen und mich mit meiner Familie zusammen an die Arbeit zu machen. So ist es bis jetzt gewesen und so wird es immer sein.

Die Rezepte

Addormentasuocere

Schwiegermutters Einschlafbonbon

Ich gebe es zu, ich bin regelrecht verrückt nach diesen karamellisierten Mandeln. Wenn ich in der Bäckerei bin, mache ich mir manchmal welche, nehme sie mit nach Hause und lutsche sie am Abend beim Fernsehen. Und genau deswegen heißen sie auch, wie sie heißen: Sobald die alten Leute diese Mandeln nicht mehr kauen können, sind die Schwiegermütter gezwungen, sie im Mund zu behalten, bis sie sich auflösen. Das dauert so lange, dass sie letztlich darüber einschlafen und endlich die Verlobten und die Ehemänner ihrer Töchter in Ruhe lassen.

Zubereitung
15 Minuten

Schwierigkeit

Zutaten für 4 Portionen
180 g Zucker
225 g Mandeln mit Haut

1. 50 ml Wasser in eine Pfanne gießen und Zucker und Mandeln hineingeben. Auf niedriger Stufe köcheln, bis alles kristallisiert und ein Karamell entstanden ist, in dem das Wasser verdampft ist. Nun die Mandeln auf einen mit Backpapier auslegten Teller geben und warten, bis sie kalt sind.

Unterschiedliche Nüsse … für unterschiedliche Schwiegermütter

Addormentasuocere kann man auch aus anderen Nüssen zubereiten: Anstelle der Mandeln könnt ihr Pistazien nehmen, Haselnüsse oder Erdnüsse.

Bigné alla crema di pistacchi

Windbeutel mit Pistaziencreme

Man weiß nicht, wer die Bigné erfunden hat, ob Franzosen oder Italiener: Der Brandteig, aus dem sie bestehen, ist toskanisch, aber von den Franzosen stammt die Form der Windbeutelchen, die unterschiedlich gefüllt werden, und zwar gar nicht unbedingt nur süß. Man kann die Bigné auch mit herzhaften Cremes füllen, zum Beispiel mit der klassischen Kombination aus Streichkäse und Kochschinken.

Zubereitung
1 Stunde

Einweichen
2 Stunden

Backzeit
30 Minuten

Schwierigkeit
4 von 5

Zutaten für 20 Bigné

FÜR DEN TEIG:
80 g Butter
80 g Mehl Type 00
20 g Zucker
1 TL Salz
2 Eier

FÜR DIE PISTAZIENCREME:
100 g Pistazien
50 g Puderzucker
1 EL Samenöl
Hagelzucker oder eine andere Garnitur (optional)

1. Als Erstes die Pistazien 2 Stunden in einer Schüssel mit viel Wasser einweichen.

2. Für den Teig 100 ml Wasser, Butter, Mehl, Zucker und Salz in einen flachen Topf mit dickem Boden geben. Vermischen und zum Kochen bringen, dann vom Herd nehmen. In einer Schüssel die Eier verquirlen und zu den Zutaten im Topf geben. Unter ständigem schnellem Rühren den Topf wieder auf niedriger Stufe aufsetzen. Wenn der Teig geschmeidig und homogen ist, vom Herd nehmen und 10 Minuten ruhen lassen.

3. Den Backofen auf 200 °C Ober-/Unterhitze (Umluft: 180 °C) vorheizen.

4. Ein Backblech mit Backpapier auslegen. Dann den Teig in eine Spritztüte füllen. Eine Tülle mit glattem Rand und 12–14 mm großer Öffnung verwenden. Walnussgroße Portionen mit einigem Abstand zueinander auf das Backblech setzen (der Teig geht im Ofen auf).

5. Im vorgeheizten Ofen backen, und zwar während der ersten 10 Minuten bei 200 °C, dann die Temperatur auf 160 °C (Umluft: 140 °C) verringern und 20 Minuten weiterbacken. Ab und zu kontrollieren: Die Bigné müssen golden sein, aber luftig-weich. Den Ofen ausmachen und die Bigné noch 5 Minuten darin lassen, damit sie besser trocknen. Dann zum Abkühlen herausnehmen.

6. In der Zwischenzeit die Pistaziencreme zubereiten. Pistazien nach dem Einweichen abgießen und in einen Mixer geben; er muss Kraft haben, damit er sie zu Creme pürieren kann. Puderzucker und Samenöl hinzufügen. Auf höchster Geschwindigkeitsstufe verarbeiten, bis man sieht, dass die Pistazien sich zuerst in eine Art Mehl verwandeln, und sobald das Öl aus den Pistazien freigesetzt wird, nach und nach in eine Creme. Es dauert eine Weile. Damit die Creme nicht zu warm wird, macht man dies in mehreren Schritten mit kleinen Pausen.

7. Die Creme in eine Spritztüte mit spitzer Tülle geben und die Bigné füllen. Wer mag, kann sie am Schluss mit Hagelzucker oder anderer Garnitur bestreuen.

Das gewisse Extra

Wer die Pistaziencreme noch opulenter haben möchte, kann sie mit Konditorcreme, Crema pasticciera, mischen (Rezept siehe Seite 150).

Bigné alla crema di pistacchi

Windbeutel mit Pistaziencreme

Biscotti pasquali
Osterkekse

Biscotti pasquali

Osterkekse

Ich habe dieses Gebäck »Osterkekse« genannt, denn als ich sie das erste Mal gebacken habe, war gerade Ostern und ich habe ihnen die Form von Hasen gegeben. Wenn ich aber genauer darüber nachdenke, sind es eigentlich eher nach-österliche Kekse, weil man so perfekt die restlichen Schokoladeneier aufbrauchen kann – es bleiben ja immer welche übrig. Vorausgesetzt, sie sind aus Zartbitterschokolade.

Zubereitung
30 Minuten

Backzeit
10 Minuten

Schwierigkeit
2 von 5

Zutaten für 10 Kekse
2 Eier
170 g Butter
Salz
110 g Puderzucker
300 g Mehl Type 00
1 EL Orangenschale, abgerieben
2 g Backpulver
100 g Zartbitterschokolade
Zuckerstreusel

1. Die Eier in eine Schüssel geben. Butter (in Flöckchen), 1 Prise Salz, Puderzucker, Mehl, Orangenschale und Backpulver hinzugeben. Alles zu einem gleichmäßigen Teig verarbeiten und diesen 15 Minuten im Kühlschrank ruhen lassen.

2. Den Backofen auf 180 °C Ober-/Unterhitze (Umluft: 160 °C) vorheizen.

3. Nun den Teig mit einer Teigrolle ca. 5 mm dick ausrollen. Wer entsprechende Ausstechförmchen besitzt, kann die Kekse in Hasenform ausstechen, ansonsten gibt man ihnen eine Form, die einem gefällt, gern auch einfach mit dem Messer zurechtschneiden. Immer bedenken: Es sind Kekse, sie sollen also nicht zu wuchtig sein!

4. Die Kekse nun 10 Minuten backen.

5. Die Schokolade in Stücke brechen und in einem Topf in der Mikrowelle schmelzen, bis sie komplett flüssig ist. Wer keine Mikrowelle hat, lässt die Schokolade im Wasserbad oder in einem kleinen Topf auf sehr niedriger Stufe schmelzen; dabei muss man stetig umrühren, damit die Schokolade nicht anbrennt.

6. Die fertig gebackenen Kekse zur Hälfte in die geschmolzene Schokolade tauchen, auf ein Tablett legen und völlig erkalten lassen.

7. Wer richtig niedliche Häschen haben möchte, taucht ein Holzstäbchen in die Schokolade und macht damit Augen. Zum Schluss bunte Zuckerstreusel aufstreuen, solange die Schokolade noch warm ist.

Gold, das fließt … dank Bain-Marie

Wer keine Mikrowelle hat (oder sie womöglich nicht gern benutzt), kann die Schokolade im Wasserbad schmelzen, dem sogenannten Bain-Marie. Es reicht aus, das Gefäß mit der zerkleinerten Schokolade in einen größeren Topf mit Wasser zu geben und das Ganze aufzusetzen. Man sagt, diese Methode wurde im 3. Jahrhundert von der Alchimistin Maria von Alexandrien erfunden – daher der Name »Bain-Marie« –, um Gold zu erhitzen und von anderen Metallen zu trennen.

Brutti ma buoni alle nocciole

Haselnussmakronen – hässlich, aber gut

Diese Kekse sind sehr schnell gemacht und dank der Nüsse sehr gehaltvoll. Aber ich bin ehrlich: Nicht deswegen genehmige ich mir hin und wieder einen, wenn ich in der Backstube welche mache, sondern weil sie so lecker sind. Übrigens empfehle ich sie auch immer den Kunden, die bei mir nach Produkten für Menschen mit Glutenunverträglichkeit fragen, denn sie enthalten kein Mehl.

Zubereitung
30 Minuten

Backzeit
10 Minuten

Schwierigkeit
2 von 5

Zutaten für 4 Portionen
5 Eiweiß
100 g Zucker
250 g Haselnussmehl
100 g gehackte Haselnüsse

1. Die Eiweiße steif schlagen, dann Zucker, Haselnussmehl und gehackte Haselnüsse hinzugeben. Einige Minuten weiterrühren. Die Konsistenz muss klebrig und recht dick sein.

2. Den Backofen auf 180 °C Ober-/Unterhitze (Umluft: 160 °C) vorheizen.

3. Ein Backblech mit Backpapier auslegen und den Teig in kleinen Portionen daraufsetzen. Die Form ist beliebig, einfach so lassen, wie es kommt, und nicht groß darüber nachdenken, denn der Teig wird tendenziell schnell fest.

4. Die Kekse 10 Minuten im Ofen backen.

Und die Karotte, lassen wir die weg?

Wenn ihr mögt, könnt ihr auch eine gehackte Karotte zu den Zwiebeln geben. So kommt noch eine Geschmacksnote dazu.

Cipollata di manzo

Rindfleisch mit Zwiebelgemüse

Cipollata hat man früher gemacht, wenn von dem Gericht Lesso – Kochfleisch – etwas übrig war. Es wurde nochmals gekocht, mit einer ordentlichen Menge Zwiebeln, und das schmeckte herrlich. Meine Enkel bitten mich auch ab und zu, das zu kochen, aber mit frischem Rindergulasch, denn bei den Herrschaften gibt es kein Lesso. Ich bereite also die Cipollata zu und verarbeite einen Riesenberg Zwiebeln – so essen sie wenigstens auch einmal Gemüse.

Zubereitung
30 Minuten

Kochzeit
3 Stunden

Schwierigkeit

Zutaten für 4 Portionen
4 Zwiebeln
120 ml Olivenöl nativ extra
Salz
2 Knoblauchzehen
4–5 Salbeiblätter
½ Glas Rotwein
250 g Rindergulasch
400 g passierte Tomaten
4 Scheiben Weißbrot

1. Von den Zwiebeln die äußeren Schichten abziehen, dann die Zwiebeln in nicht zu dünne Scheiben schneiden. In einer Pfanne mit dem Öl und 1 Prise Salz langsam anschwitzen.

2. Knoblauch putzen und hacken, Salbeiblätter waschen und hacken. Beides zu den Zwiebeln geben. Nun auch das Fleisch zugeben und weiterbraten. Wenn das Fleisch richtig angebraten ist, mit dem Wein ablöschen. Den richtigen Zeitpunkt erkennt man daran, dass das Fleisch dunkel wird. Man kann es auch mit Messer oder Gabel testen: Es muss weich sein, aber nicht zerkocht.

3. Passierte Tomaten hinzugeben und warten, dass sie etwas einkochen, dann vom Herd nehmen.

4. Das Gulasch mit einer Scheibe frischem Weißbrot servieren.

Cornetti di pasta sfoglia ripieni di cotto e mozzarella

Blätterteighörnchen mit Kochschinken und Mozzarella

Steht ein Geburtstagsfest an oder seid ihr auf der Suche nach einer originellen Vorspeise? Für den plötzlichen Heißhunger sind diese Blätterteighörnchen nicht geeignet, denn die Zubereitung dauert eine Weile. Wenn ihr euch aber rechtzeitig organisiert, habt ihr am Ende Häppchen, die buchstäblich allen schmecken, den Großen wie den Kleinen.

Zubereitung
1 Stunde

Ruhezeit
2–3 Stunden

Backzeit
10–15 Minuten

Schwierigkeit
◆◆◆◆◇

Zutaten für 8 kleine Hörnchen
200 g Mehl Type 00
130 g Butter
Salz
1 Mozzarella (oder nach Belieben 1,5)
320 g Kochschinken

1. 50 g Mehl und die Butter in einer Schüssel vermengen. Nicht mit den Händen kneten, denn die Körperwärme könnte den Teig verderben. Sobald der Teig homogen und gleichmäßig ist, auf Backpapier legen und einwickeln. Für 15 Minuten in den Kühlschrank legen.

2. Den Teig mit einer Teigrolle ca. 5 mm dick zu einem Rechteck auswalzen. Mit Frischhaltefolie abdecken und wieder in den Kühlschrank legen.

3. Das restliche Mehl mit ca. 90 ml kaltem Wasser und 1 Prise Salz vermengen. Alles vermischen, bis ein homogener Teig entstanden ist. Auf eine bemehlte Fläche legen und mit einer Teigrolle ca. 5 mm dick und rechteckig ausrollen.

4. Nun den Butterteig aus dem Kühlschrank nehmen und mittig auf den zweiten Teig legen. Butterteig mit den Händen flach klopfen, bis er dieselbe Stärke hat wie der andere Teig.

5. Nun geht es ans Falten: Die beiden längeren Seiten des unteren Teigs anheben und zur Mitte klappen, sodass der

Butterteig bedeckt ist. Mit der Teigrolle flach drücken und möglichst wieder ein Rechteck erhalten.

6. Nun die kurzen Seiten des Rechtecks hochnehmen und zur Mitte legen. Es entsteht ein neues, kleineres Rechteck. Dieses wird zum Schluss wie ein Buch zugeklappt.

7. Wiederum das Ganze mit der Teigrolle zu einem Rechteck walzen. Den Faltvorgang 2 Mal wiederholen und den Teig dazwischen jeweils 15 Minuten im Kühlschrank ruhen lassen. Anschließend den Teig in Frischhaltefolie wickeln und für ca. 2 Stunden in den Kühlschrank legen.

8. Währenddessen Mozzarella in kleine Stücke schneiden und in einem kleinen Sieb abtropfen lassen. Um dies zu beschleunigen, kann man den Käse mit einem Teelöffel leicht ausdrücken.

9. Den Backofen auf 180 °C Ober-/Unterhitze (Umluft: 160 °C) vorheizen.

10. Den Teig aus dem Kühlschrank nehmen und mit der Teigrolle ca. 5 mm dick und kreisrund auswalzen. Für eine regelmäßige Form kann man sich eventuell mit einem Messer behelfen und überschüssigen Teig abschneiden.

11. Den Teig wie eine Pizza in 8 gleich große Stücke schneiden. Jedes Stück mittig mit Kochschinken und Mozzarella belegen. Die Stücke vom äußeren Rand nach innen bis zur Spitze aufrollen, sodass sie die klassische Hörnchenform bekommen.

12. Die Hörnchen 10–15 Minuten im Ofen backen, bis sie eine goldene Farbe haben.

Mein Blätterteig

Das Blätterteigrezept für diese Hörnchen könnt ihr auch für anderes süßes oder herzhaftes Gebäck verwenden. Zum Beispiel für die Apfel-Zimt-Taschen, die Sfogliatine mela e cannella, auf Seite 189, oder für süße Hörnchen, die perfekt fürs Frühstück sind und ganz nach Belieben gefüllt werden können.

Cornetti di pasta sfoglia ripieni di cotto e mozzarella

Blätterteighörnchen mit Kochschinken und Mozzarella

Pan di ramerino
Rosmarin-
Rosinen-Brot

Pan di ramerino

Rosmarin-Rosinen-Brot

»Ramerino« ist im Dialekt der Toskana nichts anderes als Rosmarin. Hier wird er verwendet, um Brot ein besonderes Aroma zu verleihen. Das allein wäre schon köstlich, aber in diesen Tafelbrötchen sind auch noch Rosinen. Dieses uralte Rezept ist perfekt für ein Abendessen, bei dem ihr ein bisschen Eindruck machen wollt. Jedem Tischgast ein Panino neben den Teller zu legen wird der Extra-Clou sein, der alle überrascht.

Zubereitung
35 Minuten

Gehzeit
4 Stunden

Backzeit
20 Minuten

Schwierigkeit
3 von 5

Zutaten für 10 Panini
150 g Rosinen
4–5 Zweige Rosmarin
100 ml Olivenöl nativ extra
10 g frische Bierhefe
300 g Mehl Type 00
50 g Zucker
1 TL Salz
50 g Rohrzucker

1. Die Rosinen in einer Schüssel mit Wasser einweichen; sie müssen vollständig bedeckt sein.

2. Die Rosmarinnadeln abzupfen und mit dem Öl in einen kleinen Topf geben. Goldbraun frittieren; dann vom Herd nehmen und ruhen lassen.

3. Die Rosinen ausdrücken. In einer großen Schüssel die Hefe in ca. 150 ml lauwarmem Wasser auflösen. Dann zuerst das Mehl zugeben und gründlich mischen. Danach Zucker, Salz und Rosinen hinzufügen. Die Rosmarinnadeln in ein kleines Sieb abgießen und ebenfalls zum Teig geben. Mit den Händen kneten, bis er eine elastische Konsistenz hat. Erst gegen Ende auch das Rosmarin-Öl hinzugießen, um das Aroma zu verstärken.

4. Den Teig ca. 4 Stunden bei Zimmertemperatur gehen lassen, wenn es eher kühl dort ist, oder im untersten Bereich des Kühlschranks. Die Schüssel dafür mit Frischhaltefolie abdecken.

5. Nach dieser Zeit den Backofen auf 180 °C Ober-/Unterhitze (Umluft: 160 °C) vorheizen. Eine Arbeitsfläche, ein Back- oder ein Schneidebrett bemehlen und den Teig da-

rauflegen. In 10 Stücke aufteilen und diese zu runden Brötchen formen.

6. Die Brötchen mit einem Messer kreuzweise einschneiden und auf ein mit Backpapier ausgelegtes Blech setzen. 20 Minuten backen.

7. In einem kleinen Topf eine Glasur zubereiten: Den Rohrzucker in 50 ml Wasser auf kleiner Stufe zum Kochen bringen. Die fertig gebackenen Panini mit dieser Glasur bestreichen.

Pappa al pomodoro di mare
Tomatenmus mit Meeresfrüchten

Zubereitungen aus passierten Tomaten kennt jeder. Aber habt ihr je diese Version mit Meeresfrüchten probiert? Die Vorgehensweise ist gleich, man muss lediglich gemischte Meeresfrüchte nach Belieben hinzufügen. Das Ergebnis ist ein vollständiges Gericht, das sich zwischen dem klassischen Pappa al pomodoro (Tomatenmus) und einer Fischsuppe bewegt.

Zubereitung
45 Minuten

Schwierigkeit

Zutaten für 4 Portionen

650 g gemischte Meeresfrüchte (Kalmare, Pfeilkalmare, Miesmuscheln, Scampi)
300 g Weißbrot
3 Knoblauchzehen
Olivenöl nativ extra
400 g passierte Tomaten
Salz, Pfeffer
Basilikum

1. Die Meeresfrüchte direkt beim Fischhändler des Vertrauens putzen lassen. Zu Hause grob in Stücke schneiden. Die Brotscheiben ebenfalls zerschneiden; jeweils in 5–6 Stücke.

2. Knoblauchzehen abziehen und mit einem Messer hacken.

3. Etwas Öl in einer Pfanne erhitzen und den gehackten Knoblauch hineingeben. Ein paar Minuten lang anbraten, danach die passierten Tomaten zugießen. Salz und 1 Prise Pfeffer zugeben und umrühren. Auf niedriger Stufe 10 Minuten köcheln lassen.

4. Inzwischen in einer anderen Pfanne ebenfalls etwas Öl erhitzen. Die Meeresfrüchte ins heiße Öl geben und auf niedriger Stufe 8 Minuten braten; dabei umrühren, damit sie nicht anbrennen.

5. Zurück zur ersten Pfanne: Sobald die Tomaten etwas eingekocht sind, das Brot und ca. 500 ml Wasser hinzufügen und alles zum Kochen bringen. Dann die Meeresfrüchte hinzugeben und umrühren. 5 Minuten auf mittlerer bis niedriger Stufe kochen lassen. Vom Herd nehmen und über der Pfanne ein paar Basilikumblätter zerzupfen.

Wie ihr es am liebsten mögt

In diesem Rezept habe ich Kalmare, Pfeilkalmare, Miesmuscheln und Scampi verwendet, aber ihr könnt Fisch und Meeresfrüchte je nach Geschmack variieren. Drachenkopf, Kabeljau und Seeteufel sind zum Beispiel typische Sorten für Fischsuppe. Achtet nur auf die Garzeiten, sie sind von Fisch zu Fisch verschieden. Normalerweise kommen Kalmare und Pfeilkalmare früher in die Pfanne, während Grätenfisch gegen Ende dazugegeben wird, damit nicht die Gefahr besteht, dass er zerfällt (und die Gräten in der Soße landen).

Polpette vegetariane

Vegetarische Frikadellen

Dieses Gericht ist für Vegetarier gedacht und für Menschen, die einfach eine etwas andere Frikadelle probieren möchten, die leichter ist als eine aus Fleisch. Herzhaft durch den Käse und frittiert schmecken sie auch denen, die normalerweise nicht so gern Gemüse essen. Im Frühjahr ist dies eine ungewöhnliche und attraktive Art und Weise, das Gemüse der Saison zu genießen.

Zubereitung

30 Minuten + 45 Minuten zum Kartoffelkochen

Schwierigkeit

Zutaten für 4 Portionen

4 Kartoffeln
2 Karotten
2 Zucchini
1 Knoblauchzehe
1 Bund Petersilie
150 g Erbsen aus der Dose
Olivenöl nativ extra
Salz, Pfeffer
3 Eier
100 g Käse, gerieben
Paniermehl

1. Die Kartoffeln waschen, in einen Topf mit heißem Wasser geben und ca. 45 Minuten kochen. Sobald sie vollständig gar sind, noch heiß pellen und in einer Schüssel zerdrücken (vorzugsweise mit einer Kartoffelpresse).

2. Karotten schälen, Zucchini waschen und alles hacken. Knoblauch pressen und Petersilie hacken. Erbsen abtropfen lassen. Etwas Öl und den Knoblauch ca. 5 Minuten in einer Pfanne erhitzen. Sobald das Öl heiß ist, Karotten, Zucchini, Erbsen und 1 Prise Salz und Pfeffer hinzugeben. Weitere 5–10 Minuten auf mittlerer bis niedriger Stufe braten. Umrühren und aufpassen, dass das Gemüse nicht anbrennt.

3. Das Gemüse ein paar Minuten abkühlen lassen und Petersilie hinzugeben.

4. Zu den zerdrückten Kartoffeln nun 1 Ei, den Käse und das gebratene Gemüse geben und vermengen. Aus der Masse Frikadellen formen (4–5 cm Durchmesser).

5. Die beiden restlichen Eier in einen Teller aufschlagen und verquirlen, das Paniermehl auf einen zweiten Teller geben. Die Frikadellen einzeln erst im Ei, dann im Paniermehl wälzen.

6. Öl in einer großen Pfanne erhitzen und sobald es kocht, die Frikadellen hineingeben; darauf achten, dass sie komplett mit Öl bedeckt sind. Sobald sie außen knusprig und goldbraun sind, auf Küchentüchern etwas abtropfen lassen. Zum Schluss mit etwas Salz bestreuen und noch heiß servieren.

Habt ihr sie schon mal mit Soße probiert?

Probiert mal, übrig gebliebene Frikadellen am nächsten Tag in der Pfanne mit einer schönen Soße aus passierten Tomaten aufzuwärmen – sie werden noch besser schmecken als am Vortag. Unter einer Bedingung: Es muss genug Soße da sein, denn wenn ihr keine Soße mit Brot auftunken könnt, entgeht euch der halbe Genuss.

Polpette vegetariane

Vegetarische Frikadellen

Torta coi becchi
al cioccolato
Schokotarte mit
Schnabelrand

Torta coi becchi al cioccolato

Schokotarte mit Schnabelrand

In Lucca hat die Torta coi becchi einen Mürbeteigboden und der Rand ist ringsherum mit Spitzen versehen, das sind die Schnäbel. Es gibt zwei Versionen: eine mit Schokolade und eine süß-herzhafte, deren Füllung aus Gemüse, kandierten Früchten und Rosinen besteht. Ihr besser passender Name lautet Torta d'erbi, Gemüsetarte. Ich allerdings – unnötig, es zu erwähnen – mag die Schokotarte lieber.

Zubereitung
1 Stunde

Ruhezeit
1 Stunde

Backzeit
45 Minuten

Schwierigkeit

Zutaten für eine runde Form mit ø 15 cm

FÜR DEN MÜRBETEIG:
- 2 Eier
- 140 g Butter
- Salz
- 150 g Zucker
- 300 g Mehl Type 00
- Bio-Zitronenschale, abgerieben
- 10 g Backpulver

FÜR DIE CREME:
- 3 Eier
- 150 g Zucker
- 500 ml lauwarme Vollmilch
- ½ Likörglas dunkler Rum
- 80 g Kakaopulver, ungesüßt

1. Mit dem Mürbeteig beginnen. Die Eier in ein Gefäß geben, Butter in Flöckchen zerteilen und hinzufügen. 1 Prise Salz, Zucker, Mehl, Zitronenschale und Backpulver hinzugeben. Zu einem gleichmäßigen Teig vermengen.

2. Den Teig mit Frischhaltefolie abdecken und im Kühlschrank ca. 1 Stunde ruhen lassen.

3. In der Zwischenzeit die Creme zubereiten. Eier, Zucker und die Milch in einen kleinen Topf geben und gut verrühren, damit sich keine Klümpchen bilden. Einige Minuten auf niedriger Stufe erwärmen, bis die Creme dick wird. Vom Herd nehmen und abkühlen lassen, dann Rum und Kakao hinzugeben und erneut verrühren.

4. Eine Tarteform mit ca. 15 cm Durchmesser mit Backpapier auslegen.

5. Nach der Ruhezeit den Ofen auf 200 °C Ober-/Unterhitze (Umluft: 180 °C) vorheizen.

6. Den Mürbeteig aus dem Kühlschrank nehmen und auf der Form ausbreiten. Ein Drittel für die Schnäbel zurückbehalten. Wer mag, kann daraus auch eine weitere Garnitur formen.

7. Darauf achten, dass der Rand der Tarte ca. 3 cm hoch und 1,5 cm breit ist. Nun die Creme hineingießen und mit einem Spatel akkurat und überall gleich hoch verteilen.

8. Am Rand ringsherum mit einem Messer überstehenden Teig abschneiden. Diese Teigreste zum zurückbehaltenen Drittel geben, verkneten und die Masse halbieren. Aus einer Hälfte nach Belieben zum Beispiel flache Streifen formen und auf die Oberfläche legen (ein Messer zu Hilfe nehmen). Aus dem restlichen Teig die Schnäbel gestalten, also kleine Kegel, und auf den Rand der Tarte setzen.

9. Zum Schluss die Tarte ca. 45 Minuten im Ofen backen.

Die Gemüsetarte, la Torta d'erbi

Für die Variante mit Gemüse 250 g Mangold kochen, ausdrücken, mit etwas Butter, Salz und Pfeffer in der Pfanne schwenken und schließlich hacken. 100 g hartes Weißbrot in Milch einweichen, 50 g Rosinen in lauwarmem Wasser einweichen. In einer Schüssel Mangold und eingeweichtes Brot, eingeweichte Rosinen, 1 kandierte Orangenschale oder gemischte kandierte Zitrusfrüchteschalen, 1 Gläschen Vin Santo, Muskatnuss, 2 Eier, 1 Eigelb, 150 g Zucker, Parmesan und Pecorino nach Belieben miteinander vermengen und den Mürbeteigboden damit füllen.

Sfogliatine mela e cannella

Apfeltaschen mit Zimt

An manchen Tagen fällt es einem ganz schön schwer, morgens aufzustehen und zur Arbeit zu gehen, das weiß ich nur zu gut! Aber mit etwas Süßem kann der Tag ganz anders werden. Zum Beispiel, wenn auf dem Küchentisch eine schöne Sfogliatina alle mele e cannella auf uns wartet, eine Apfeltasche mit Zimt. Ihr könnt diese Sfogliatine am Vorabend backen und am Morgen müsst ihr sie dann nur noch aufwärmen. Sucht euch aus, ob ihr den Blätterteig selbst macht oder den schnelleren Weg wählt und eine Rolle fertigen Blätterteig verwendet.

Zubereitung
30 Minuten

Backzeit
15 Minuten

Schwierigkeit
1 von 5

Zutaten für 8 Sfogliatine
1 Rolle Blätterteig (Fertigprodukt)
1 Apfel
Zimtpulver
Zucker
Garnitur nach Belieben

1. Wer Blätterteig selbst machen will, folgt der Methode für die Cornetti di pasta sfoglia auf Seite 174.
2. Den Apfel schälen, vierteln und Stiel und Kernhaus entfernen. In kleine Würfel schneiden und mit Zucker und Zimt in eine Schüssel geben. Vermengen.
3. Den Backofen auf 200 °C Ober-/Unterhitze (Umluft: 180 °C) vorheizen.
4. Den Blätterteig in ca. 5 × 9 cm große Rechtecke schneiden und in die Mitte jeden Rechtecks etwas gezuckerten Apfel geben. Die Rechtecke dürfen auch größer sein, dann braucht man mehr Füllung. Die Rechtecke in der Mitte falten und die Füllung bedecken. Mit den Fingerspitzen die Ränder zusammendrücken, damit sie gut kleben.
5. Ein Backblech mit Backpapier auslegen und die Apfeltaschen darauf anordnen. 15 Minuten im Ofen backen.
6. Nach dem Backen nach Belieben ein Löffelchen Apfelmarmelade, Konfitüre oder Kakaopulver auf den Taschen verteilen.

Register

Bibliografische Information der Deutschen Nationalbibliothek
Die Deutsche Nationalbibliothek verzeichnet diese Publikation in der Deutschen Nationalbibliografie. Detaillierte bibliografische Daten sind im Internet über https://dnb.de abrufbar.

Für Fragen und Anregungen
info@m-vg.de

Wichtiger Hinweis
Ausschließlich zum Zweck der besseren Lesbarkeit wurde auf eine genderspezifische Schreibweise sowie eine Mehrfachbezeichnung verzichtet. Alle personenbezogenen Bezeichnungen sind somit geschlechtsneutral zu verstehen.

2. Auflage 2024

Türkenstraße 89
80799 München
Tel.: 089 651285-0

Die italienische Originalausgabe erschien 2023 bei De Agostini Libri S.r.l. unter dem Titel Le ricette di una vita.

Übersetzung: Martina Fischer
Redaktion: Ulrike Reinen
Umschlaggestaltung: Sonja Vallant
Abbildungen auf S. 15, 48, 53, 90: Silvana Bini
Umschlagabbildungen und sonstige Abbildungen im Innenteil: Chiara Daniele
Layout und Satz: Bernadett Linseisen (schere.style.papier), München
Druck: Florjancic Tisk d.o.o., Slowenien
Printed in the EU

ISBN Print 978-3-7423-2732-1
ISBN E-Book (PDF) 978-3-7453-2497-6
ISBN E-Book (EPUB, Mobi) 978-3-7453-2498-3